Thich Nhat Hanh

ou

LE BONHEUR DE LA PLEINE CONSCIENCE

Jean-Pierre et Rachel Cartier

Thich Nhat Hanh

ou

LE BONHEUR DE LA PLEINE CONSCIENCE

La Table Ronde
7, rue Corneille, Paris 6ᵉ

© Éditions de La Table Ronde, Paris, 2001.

ISBN 2-7103-2427-X.

I

Ils sont douze, neuf filles et trois garçons placés sur trois rangs au centre de l'immense salle de méditation décorée, pour l'occasion, de papiers multicolores. Autour d'eux sont rassemblés leurs familles ainsi que les cent douze moines et moniales du Village des Pruniers, les hommes d'un côté, les femmes de l'autre. Moines et moniales impressionnants de gravité avec leurs crânes rasés qui luisent sous les spots électriques.

Les douze, eux, ont encore leurs cheveux. Ils ont revêtu leurs plus beaux habits, les filles surtout qui sont en robes longues, comme des mariées.

Le gong sonne trois fois et la communauté entonne un chant solennel dont la mélodie, curieusement, est celle du « Veni Creator », l'hymne antique qu'on chantait autrefois en latin dans les églises le jour de la Pentecôte.

Ainsi commence la cérémonie d'ordination au Village des Pruniers en cette matinée du 5 mai de l'an 2000. Un long moment encore, les psalmodies succèdent aux psalmodies et à la récitation des grands textes sacrés du bouddhisme.

Le maître Thich Nhat Hanh s'avance maintenant. Sur sa robe brune, comme tous les moines et toutes les moniales de l'assemblée, il a revêtu la tenue orange de cérémonie. Ce qui frappe aussitôt en lui, c'est son extraordinaire présence. Tandis qu'il s'avance vers les futurs ordonnés, on a le sentiment que chacun de ses gestes est une méditation.

Il s'adresse à la communauté tout entière, aux moines et aux moniales venus des trois hameaux des Pruniers et commence à poser les questions rituelles et à recevoir les réponses qui sont, elles aussi, rituelles :

– Toute la communauté est-elle présente ?
– Oui, toute la communauté est présente.
– La communauté est-elle en harmonie ?
– Oui, la communauté est en harmonie.
– Pour quelle raison la communauté est-elle réunie aujourd'hui ?
– Pour procéder à l'ordination des postulants.

Une assistante lit maintenant les douze noms desdits postulants et Thich Nhat Hanh demande à la communauté si elle est d'accord pour les accepter dans son sein. Si les membres sont d'accord, ils n'ont qu'à se taire ; s'ils ont des objections, c'est leur dernière chance de les faire connaître. Un profond silence plane un moment sur l'assemblée.

L'un après l'autre, sortant du rang, les douze postulants viennent se prosterner à quatre reprises devant Thich Nhat Hanh « en signe de gratitude pour les êtres vivants et les minéraux ».

Un assistant s'avance maintenant, portant une tasse dans laquelle a été placée une rose. Thây, c'est ainsi que l'appellent ses disciples – un mot qui signifie l'« instructeur » –, impose les mains sur la tête des postulants et leur verse un peu d'eau sur le front à l'aide de la rose. Il pose quelques questions à voix basse et coupe à chacun et à chacune une mèche de cheveux tandis que sonnent les gongs et que l'assemblée entière chante des hymnes. Les postulants se prosternent trois fois avant de recevoir leur robe qu'ils vont poser sur leur tête pendant tout le reste de la cérémonie, cette humble robe de moine ou de moniale qui sera leur seul vêtement jusqu'à la fin de leurs jours.

Le moment le plus solennel est arrivé, celui de la prononciation des vœux. Un assistant lit les préceptes du Bouddha et demande aux postulants s'ils s'engagent à les respecter toute leur existence. Ceux-ci répètent « I do » s'engageant ainsi à ne pas tuer, à ne pas voler, à observer la chasteté, à ne plus se laisser prendre au piège de la consommation, à renoncer aux cosmétiques, aux bijoux, aux distractions du monde et au luxe. Ils s'engagent à être végétariens toute leur vie, à ne pas accumuler des biens ou d'argent. Vœux solennels qui engagent toute l'existence et font bien remarquer leur importance.

C'est fini. Les gongs et les tambours accompagnent maintenant les chants de joie et de reconnaissance.

La cérémonie de la tonsure aura lieu un peu plus tard dans l'intimité. Certaines des filles avaient des cheveux magnifiques largement déployés sur leurs épaules et, ce qui frappe lorsqu'on les retrouve à l'heure du déjeuner, c'est qu'il est très difficile, pour ne pas dire impossible, de les reconnaître. Comme si, déjà, elles étaient retranchées du monde, la tonsure étant, dans la tradition, le moment qui marque le passage de la condition humaine à la vie religieuse.

Ce même jour dans l'après-midi. Une passerelle en bois enjambe la pièce d'eau dans laquelle les lotus commencent à fleurir. Vision insolite : un baigneur a été placé sur un promontoire à proximité immédiate de la passerelle, un vrai baigneur en tous points semblables aux baigneurs en celluloïd des petites filles de notre enfance. Il représente le Bouddha qui vient de naître car c'est le jour anniversaire de sa naissance qui a été choisi pour procéder aux ordinations. Deux grandes bassines pleines de pétales de rose ont été placées au centre de la passerelle. Ceux qui désirent honorer l'enfant Bouddha doivent s'avancer de part et d'autre, puiser des pétales avec une longue louche en bois et les déverser sur sa tête. L'assistance est si nombreuse que cette cérémonie va durer une bonne partie de l'après-midi.

Le premier, Thây s'avance lentement et tenant deux enfants par la main. Son visage, si grave lors de la cérémonie du matin, s'illumine maintenant d'un sourire, un de ces sourires qui sont si bouleversants parce qu'ils jaillissent des profondeurs du cœur. Pour Thich Nhat Hanh, nous aurons souvent l'occasion de nous en apercevoir, les enfants sont un de ses plus grands bonheurs. Il aime jouer avec eux, se plonger dans leur regard et cela explique pourquoi il a passé une grande partie de sa vie à les aider, à les soigner, à les nourrir, à faire oublier aux petits Vietnamiens les horreurs qu'ils ont connues. A les aimer tout simplement. En le voyant ainsi s'avancer lentement en les tenant par la main, Rachel et moi, nous avons ensemble, et en même temps, la même pensée : cet homme si grave, ce combattant, ce savant qui peut écrire des dizaines de livres pour expliquer les soutras du Bouddha et enseigner la psychologie bouddhiste, ce maître vénéré par une multitude de disciples dans le monde entier, oui, cet être extraordinaire a su rester un enfant. Et on ne peut s'empêcher de penser à cette parole du Christ : « Si vous ne redevenez comme des petits enfants… »

Qui est-il ? Voici bien une question à laquelle il est difficile de répondre car il n'aime pas s'attarder sur sa biographie, pas plus qu'il n'aime donner des interviews. Toute sa vie, il a tenu son « Journal » mais c'est tout juste s'il a autorisé la publication des années 1962 à 1966 sous le titre *Feuilles odorantes de palmier* (La Table Ronde, 2000). C'est en effet sur des feuilles de palmier qu'ont été transcrits, dans les temps anciens, les enseignements du Bouddha.

Qu'il ait accepté de publier ce livre est un grand bonheur car il nous permet de découvrir, dans leur fraîcheur et leur poésie, ses sentiments de jeune moine et aussi de ce combattant aux prises avec l'incompréhension de sa hiérarchie et avec les horreurs de la guerre du Viêt-nam.

Né en 1926, il n'avait que seize ans lorsqu'il est devenu moine, mais déjà, il était possédé par un tel désir d'absolu et de justice qu'il a commencé très tôt à avoir des difficultés avec les autorités bouddhistes plus traditionnelles. Lui qui est si profondément spirituel et même mystique, il a toujours été persuadé que le bouddhisme n'a pas seulement pour but d'aider les individus à progresser vers l'illumination personnelle. A ses yeux, le bouddhisme doit être un bouddhisme engagé. Cela veut dire qu'il doit puiser dans sa profondeur la force d'intervenir dans tous les grands problèmes qui agitent et font souffrir l'humanité. Il est bon de faire la paix en soi, certes, mais pour mieux faire régner la paix dans le monde, pour mieux combattre la violence sans pour autant l'utiliser. La raison d'être de tout homme religieux doit donc être de lutter contre l'injustice, contre la pauvreté, l'analphabétisme et, bien entendu, contre la guerre et là, Thây sait de quoi il parle car il s'est engagé à fond pour faire cesser la guerre qui a si longtemps déchiré le Viêt-nam.

C'est pour échapper aux conflits qui commençaient à l'opposer au bouddhisme traditionnel qu'il a fondé, dès 1962, alors qu'il avait tout juste trente-six ans, le monastère de Phuong Boi (qui signifie justement « Feuilles odorantes de palmier »), un lieu pour lequel, encore aujourd'hui, il éprouve une poignante nostalgie. Lorsqu'il en parle, on a le sentiment qu'il parle du paradis perdu. Avec quelques compagnons, des amis très chers, il lui a fallu défricher la jungle pour construire leur monastère. Ils avaient souhaité s'installer aussi loin que possible de la civilisation, en plein centre du Viêt-nam et, pour vivre, ils avaient décidé de cultiver du thé. Le monastère était devenu un petit îlot de paix au pays des Montagnards, une jungle si profonde qu'il leur arrivait d'y rencontrer des tigres.

Hélas ! c'est à peine si le thé a eu le temps de pousser. La guerre les a rattrapés. Cet asile, ce lieu de quiétude inquiétait tout le monde, les communistes aussi bien que les troupes gouvernementales. Il leur a fallu se réfugier à Saïgon et, par la suite, des combats ont à peu près tout détruit.

Dans son « Journal », pour évoquer ce bonheur perdu, Thich Nhat Hanh trouve encore des accents bouleversants :

« Soudain, a-t-il écrit alors qu'il se trouvait aux Etats-Unis, j'ai pensé à Phuong Boi et mon cœur s'est empli de nostalgie. Mais assez ! assez ! Phuong Boi a glissé entre nos doigts. Je pleure sur chaque buisson, sur chaque clairière, sur chaque sentier. Nous ne perdrons jamais Phuong Boi. Il est dans nos cœurs comme une réalité sacrée. Où que nous soyons, le simple fait d'entendre prononcer le nom de Phuong Boi nous émeut jusqu'aux larmes. »

Quitter Phuong Boi a sans doute été la décision la plus difficile à prendre de sa vie et cela d'autant plus que sa situation, dans le Viêt-nam en guerre, était plus que délicate. Il voyait tous les jours les misères qui accablaient son peuple, les villages bombardés, le napalm, les atrocités sans nombre commises par les deux partis. Il voyait souffrir et mourir les enfants alors même qu'il sentait croître dans son cœur un incoercible désir de paix. Il était écartelé : les communistes ne le voyaient pas d'un bon œil parce qu'il était bouddhiste et les nationalistes, tout comme les Américains, n'acceptaient pas ses appels incessants pour la paix. Il lui fallut quitter le Viêt-nam pour aller enseigner la langue, la culture vietnamiennes et la psychologie bouddhiste aux Etats-Unis dans les universités de Columbia et de Princeton. Cela jusqu'en 1963, date à laquelle ses amis lui demandèrent de rentrer dans son pays pour les aider à arrêter la guerre.

A partir de ce moment-là, il est sur tous les fronts. Il sait que les villages souffrent terriblement, qu'ils sont souvent occupés le jour par les nationalistes et la nuit par les communistes. Il connaît la misère des paysans ainsi écartelés alors qu'ils ne demandent que de cultiver tranquillement leur riz et leurs légumes. Il voit leurs maisons s'écrouler sous les bombes, les récoltes détruites ou confisquées, la misère qui se fait de plus en plus cruelle…

Il ne se résigne pas et, comme il a l'âme d'un organisateur, dès 1964, il crée l'Ecole de la Jeunesse pour le Service social et il envoie des moines, des moniales et des laïcs dans les villages les plus exposés et les plus misérables. Ces jeunes y fondent des écoles et des dispensaires, gagnant le cœur des villageois parce qu'ils ont choisi de vivre près d'eux exactement de la même façon qu'eux. C'est cela, pour Thây, le bouddhisme engagé. Car il en est bien persuadé : dans une situation telle que celle du Viêt-nam, le Bouddha ne se contenterait pas de rester assis en méditation dans un temple. Ce sont les gens qui ont placé là ses statues mais lui, aujourd'hui comme toujours, il reste aux côtés de ceux qui luttent pour aider les villageois, pour sauver ce qui peut être sauvé et reconstruire ce qui a été détruit.

« S'isoler dans un temple, écrit-il dans son "Journal", cela n'a aucun sens pour ceux qui veulent connaître le Bouddha. En agissant ainsi, ils montrent qu'ils ne sont pas de vrais disciples du Bouddha. Le Bouddha, on le trouve là où les êtres souffrent. »

Cette Ecole de la Jeunesse pour le Service social qu'il a créée avec des professeurs, des étudiants et des religieux connaît un tel succès qu'à la fin de la guerre, elle comptera plus de dix mille volontaires répartis dans les villages. Hélas ! le régime communiste la fera disparaître tout comme il fera disparaître la maison d'édition, la « Boi Press » dont Thich Nhat Hanh a été à la fois le créateur, l'animateur et l'un des auteurs.

Oui, vraiment, en cette époque difficile, il est sur tous les fronts. Une inondation dévaste-t-elle une vallée, il s'y précipite avec de nombreux volontaires, travaillant les pieds dans la boue, pour sauver ce qui peut l'être encore.

Lorsque les *boat people* commencent à fuir le Viêt-nam, à être refoulés partout et à devenir la proie des pirates, il organise les secours, allant jusqu'à affréter trois navires et à patrouiller à leur bord, avec la sœur Chân Không, pour recueillir les naufragés et leur trouver un lieu de refuge. Il se bat contre l'indifférence, contre les polices qui rejettent à la mer, pour y être noyés, ceux qui se croyaient déjà sauvés. Il lui est arrivé d'être expulsé de Singapour alors qu'il avait des centaines de réfugiés sur ses trois navires et qu'il ne savait plus où aller. « Nous avons été chassés comme du gibier », écrira-t-il. Mais, malgré toutes ces difficultés, il est parvenu, à force de volonté, à alerter l'opinion internationale et à sauver des milliers de Vietnamiens en détresse.

La guerre terminée et, bien que ne pouvant plus pénétrer au Viêt-nam, il trouve encore le moyen, sans faire de bruit, de collecter de l'argent pour nourrir les enfants affamés et aider les orphelins ainsi que les artistes oubliés dans les prisons.

« La guerre a fait des milliers d'orphelins, écrit-il dans *Pour une vie harmonieuse*. Au lieu de réunir de l'argent pour construire des orphelinats, nous avons cherché des gens en Occident pour parrainer les enfants. Nous avons trouvé des familles dans les villages qui étaient prêtes à s'occuper d'un orphelin, puis nous leur avons envoyé six dollars par mois pour nourrir l'enfant et l'envoyer à l'école. Chaque fois que cela a été possible, nous avons essayé de placer l'enfant dans la famille d'une tante, d'un oncle ou d'un grand-parent. Ces six dollars ont permis à l'enfant parrainé de manger, d'aller à l'école et d'aider aussi les autres enfants. Les enfants avaient l'avantage de grandir dans une famille. Grandir dans un orphelinat, c'est un peu comme d'être à l'armée. C'est donc en recherchant des façons de pratiquer la générosité que nous pourrons améliorer les choses. »

Pour lui, il n'y a pas que les victimes qui sont à plaindre. Les bourreaux le sont aussi.

Lors d'un de ses voyages aux Etats-Unis, il a eu l'occasion de rencontrer des vétérans américains de la guerre du Viêt-nam et c'est pour eux qu'il organise maintenant des retraites. Nombreux sont ceux qui n'ont jamais pu oublier non seulement les atrocités qu'ils ont subies mais aussi celles qu'ils ont dû commettre. Jamais il n'oubliera ce gradé qui avait perdu en une seule journée quatre cent dix hommes de son unité et qui, depuis, n'était pas parvenu à se libérer de sa douleur. Un autre lui a raconté qu'à la suite d'un combat sanglant, pour se venger des gens d'un village, ses hommes et lui avaient disposé, dans les rues de ce même village, des paquets de gâteaux piégés. Les enfants qui les avaient ramassés avaient été déchiquetés et l'homme ne pouvait plus chasser cette tragédie de son esprit. D'autres vétérans avaient perdu le pouvoir de communiquer, d'autres encore celui de s'alimenter normalement.

Ces soldats, traumatisés par ce que la guerre les avait

amenés à faire, ont trouvé auprès de lui la paix qui les fuyait depuis tant d'années. Ils ont compris que les bourreaux eux-mêmes étaient les victimes d'un système et d'un enchaînement de circonstances. A travers lui, ils se sont découverts compris et pardonnés. Tout simplement en apprenant à rester conscients, à sourire, à reprendre contact avec la Terre, à manger en silence, à regarder les fleurs et la profondeur du ciel bleu.

« Chaque camp est notre camp, leur disait-il. Il n'y a pas de camp du mal. Les vétérans, par leur expérience, sont la flamme en haut d'une bougie qui éclaire les racines de la guerre et le chemin vers la paix. »

Il fallait parler de son action au cœur de la société et de ses problèmes pour bien comprendre le bouddhisme de Thich Nhat Hanh. Car, à ses yeux, l'action juste ne peut naître que de la profondeur, de la méditation assise ou marchée et de la conscience d'être.

II

Six heures du matin. Dans la demi-obscurité frileuse d'un petit matin de printemps, des ombres se déplacent avec une surprenante lenteur. Des hommes ou des femmes, selon le monastère auquel ils ou elles appartiennent, certains vêtus de robes de moines ou de moniales. Tous se dirigent vers la salle de méditation.

Nous sommes au premier matin de la retraite francophone annuelle qui va durer pendant la semaine sainte.

Cette retraite peut sembler austère et pourtant elle ne l'est pas. Certes, il faut se lever à cinq heures et demie, une mince concession à la faiblesse humaine puisque, en dehors des retraites, les moines et les moniales se lèvent à cinq heures. On commence la journée par une méditation assise dans le *zendo* (la salle de méditation), méditation assise qui est suivie, toujours dans le *zendo*, par une méditation marchée. « Un pas j'inspire, un pas j'expire. » On marche avec une extrême lenteur tout autour de la salle jusqu'au moment où chacun se retrouve à sa place. Et la journée se poursuit, rythmée par les repas en silence, par la récitation des soutras, par un enseignement de Thây, une méditation marchée et une autre méditation assise vers cinq heures du soir.

Ce qui frappe le plus les retraitants – nous en avons de nombreux témoignages – c'est l'atmosphère de paix, de douceur, de tendresse, de concentration qui baigne la journée tout entière. Au début, on se sent presque déconcerté tant il nous faut rompre avec les habitudes de tension, d'agitation dans lesquelles, habituellement, nous vivons, parfois même sans nous en apercevoir. Ici, la vie s'écoule dans le calme et la paix. On a l'impression de vivre dans un autre climat et, plus on avance, plus tout cela devient évident.

On a le sentiment, dans ces conditions, que l'enseignement pénètre en nous jusque dans nos profondeurs. Peu importe, au fond, sur quoi l'on médite, l'essentiel est de s'ouvrir à une vision simple et de laisser ensuite se dérouler en soi une compréhension de plus en plus vivante. On peut méditer à partir d'un morceau de bois, d'un coquillage, d'un arbre, d'une rivière, du regard d'un enfant…

L'exemple le plus célèbre est sans doute celui de la « méditation sur une feuille de pippala » (l'arbre sous lequel le Bouddha a connu l'Eveil).

Pourquoi commencer par cette méditation-là ?

Parce qu'elle semble l'une des clés les plus importantes dans l'enseignement du Bouddha.

Parce qu'au Village des Pruniers, plusieurs disciples nous ont affirmé que c'était cette méditation-là qui les avait amenés au bouddhisme.

Parce que c'est un enseignement qui vient directement du Bouddha et que, commenté et éclairé par Thich Nhat Hanh, il devient d'une extrême clarté.

Voici comment, dans son livre *Siddharta*, Thich Nhat Hanh raconte la façon dont cette méditation s'est imposée au Bouddha :

« Il sourit et leva les yeux vers une feuille de pippala se détachant sur le fond bleu du ciel et s'agitant au vent comme si elle lui faisait signe. En la regardant intensément, il y vit la présence du soleil et des nuages – en effet, sans le soleil, sans chaleur et sans lumière, cette feuille ne pouvait exister. Ceci est parce que cela est, cela est parce que ceci est. Il distingua aussi dans la feuille la présence de nuages – sans nuages, il n'y a pas de pluie, donc pas de feuille. De même il observa la terre, le temps, l'espace et l'esprit : tous étaient présents dans la feuille. Son existence était un merveilleux miracle. »

Voici donc l'un des points de départ de tous les enseignements bouddhistes : une simple feuille.

Cette méditation va s'approfondir encore :

« Même si nous pensons habituellement que les feuilles naissent au printemps, Gautama réalisa qu'elles préexistaient depuis longtemps : dans la lumière du soleil, dans les nuages, dans l'arbre en lui-même. Voyant que la feuille n'était jamais née, il comprit que, lui non plus, n'était jamais venu à l'existence. La feuille et lui s'étaient simplement manifestés sous leur forme actuelle à un moment donné. Ils n'étaient jamais nés et, de même, ils ne pouvaient pas mourir. Grâce à cette vision, les idées de naissance et de mort, d'apparition et de disparition s'évanouirent. La véritable nature de la feuille et la sienne se révélèrent d'elles-mêmes. Il put se rendre compte que, par interaction, l'existence d'un seul phénomène rendait possible celle de tous les autres. Une seule manifestation contenait toutes les autres. Toutes n'étaient en fait qu'une seule…

« La feuille et son corps ne faisaient qu'un, ne possédaient pas de soi séparé, n'existaient pas indépendamment du reste de l'univers. Voyant la nature interdépendante de tous les phénomènes, Siddharta en réalisa aussi la vacuité. Le fait que toutes les choses soient dépourvues d'un soi isolé et séparé des autres. Il comprit que la clé de la libération se trouvait dans ces deux principes d'interdépendance et de non-soi. »

Voilà, tout est dit. Les milliers de livres qui ont été écrits sur le bouddhisme, les enseignements de milliers de maîtres depuis 2 600 ans, toutes les exégèses ne sont que des variations sur un thème unique : l'interdépendance et le non-soi. Des variations infinies qui, au cours des âges, n'ont cessé de se multiplier, de devenir plus complexes et d'englober tous les phénomènes de l'existence.

Car il est vrai que tout est dans la fleur : le soleil, les nuages, la terre, le temps... Et s'il est vrai, comme le dit Thây, qu'en touchant la fleur, je touche aussi le soleil, sans pour autant me brûler les doigts, il est vrai aussi que le compost, qui a aidé à la faire s'épanouir, est aussi dans la fleur. Le compost, c'est-à-dire de l'ordure. Il y a dans la fleur l'ordure en devenir comme il y a dans l'ordure la fleur en devenir. Là encore s'impose l'interdépendance, comme elle s'impose en nous-mêmes.

« Il y a, dit Thây, des formations mentales positives, comme l'amour et la compréhension. Il y a des formations mentales qui sont de nature négative, comme la peur, le désespoir, la jalousie... Nous avons les deux en nous, fleur et ordure. Si on connaît l'art de jardiner de façon biologique, alors on ne doit pas avoir peur des déchets et des ordures.

« Donc la souffrance, la jalousie, la peur en nous, ce sont des ordures. Alors il faut les garder, il ne faut pas les jeter par la fenêtre. Tout cela est absolument nécessaire pour la production de fleurs comme la compassion, la joie, le bonheur. Cela est la vision non duelle que nous devons toucher. Cela est la base de notre pratique. Sinon, nous allons continuer à souffrir. Nous allons continuer à croire que si nous ne pouvons pas bannir ces choses négatives, le bonheur ne sera pas une chose possible. Accepter est très important. L'essentiel est d'apprendre l'art de la transformation. Avec ce savoir-faire, on peut très bien transformer les choses négatives en choses positives. Et les choses positives devront, elles aussi, devenir des choses négatives. Les fleurs devront devenir des ordures.

« Pour un méditant expérimenté, il est possible de voir déjà les ordures dans la fleur. Mais, pour des gens qui ne savent pas comment méditer, il leur faudra attendre une dizaine de jours pour voir la fleur devenir une ordure. L'avantage du méditant est qu'il n'a pas à attendre. Il peut voir tout de suite l'ordure dans la fleur, dès maintenant.

« Ce que je vous propose est extrêmement important. Je le pratique moi-même. Chaque fois que quelque chose se produit dans votre corps ou dans votre esprit, quelque chose qui peut vous faire souffrir, alors il ne faut pas vous empresser de le bannir tout de suite. Il faut d'abord générer l'énergie de la Pleine Conscience grâce à laquelle vous reconnaissez, vous acceptez, vous souriez à ces choses-là.

"Chérie, je sais que tu es là. Je vais prendre soin de toi. Je sais comment faire." C'est une méthode merveilleuse. Il faut bien prendre soin de nos états mentaux négatifs aussi bien que de nos états physiques négatifs.

« Donc la souffrance a son rôle à jouer… Comme la mort qui a un rôle à jouer pour que la vie soit possible. On doit s'entraîner à regarder de cette manière pendant toute la journée. Quand on regarde un nuage, une fleur, un être aimé, on doit les regarder profondément pour pouvoir toucher cette nature non duelle dans chaque chose.

« Maintenant, vous avez l'œil du Bouddha avec vous. Vous pouvez vous en servir. Il est toujours disponible en vous. Le Bouddha vous a été transmis. Il existe déjà en vous. Vos jambes sont devenues jambes de Bouddha. Cela veut dire que vous avez la capacité de marcher avec bonheur, avec douceur, avec compassion sur la terre. Et si vous marchez comme cela, vous marchez avec les jambes du Bouddha. C'est une chose possible. Vous pouvez apprendre à marcher de telle sorte… »

Ce matin-là, dans le grand *zendo* du « hameau nouveau », lorsque Thich Nhat Hanh a eu fini de prononcer ces paroles, un grand silence s'est installé. Comme si un magnifique espoir était en train de naître. Car il ne cesse de le répéter : C'est une chose possible. Le bonheur est possible. « Non pas dans dix ans, dans un an ou dans six mois mais ici et maintenant. Il ne s'agit pas d'abstractions, d'idées qu'on tourne et qu'on retourne, il s'agit d'un entraînement pratique. » « Pratique », ce mot revient sans cesse aux Pruniers. Car c'est bien de pratique qu'il s'agit. D'une pratique simple mais constante. Une pratique qui est toujours à notre portée et à laquelle on peut toujours revenir si on l'a oubliée pour un temps.

Tous les mystiques de toutes les traditions insistent bien sur le fait que l'idéal suprême, le but de toute vie spirituelle, est de vivre dans la Présence vingt-quatre heures sur vingt-quatre. C'est vrai, bien sûr. Il n'y a pas d'autre voie. Mais, si elle est mal comprise, cette voie peut devenir culpabilisante. Nous voudrions vivre dans la Présence constante mais nous nous apercevons que nous n'y parvenons pas et, bien souvent, il nous arrive de désespérer. De nous dire que nous ne sommes pas capables d'avancer, que notre esprit ne cesse de vagabonder, de s'échapper à la moindre occasion dans toutes les directions.

L'enseignement de Thich Nhat Hanh peut nous délivrer de cette culpabilité. Au moins si nous en croyons les entretiens que nous avons eus avec les moines et les moniales du Village des Pruniers. Il est vrai que, sur le chemin, notre esprit a tendance à vagabonder mais il est vrai aussi que nous pouvons, à chaque instant, revenir à la Pleine

Conscience. Sans culpabilité, sans regretter nos distractions. Revenir, tout simplement. Et Thây donne pour cela, nous le verrons, des moyens qui sont à la fois extrêmement pratiques et étonnamment simples.

Finissons-en avec la fleur car elle a encore un grand enseignement à nous apporter, en particulier celui du vide qui est une suite logique de ce que nous venons de dire. Encore faut-il s'entendre sur le mot « vide ».

Tous les grands sages du bouddhisme ont parlé du vide. Le moine Narashina a dit, au deuxième siècle de notre ère : « Grâce au vide, tout est possible » et le célèbre bodhisattva Avalokita a dit de son côté : « Toute chose est vide. » Ce qui amène aujourd'hui Thich Nhat Hanh à lui poser cette question : « Monsieur Avalokita, vide de quoi ? » « Être vide, dit-il dans un de ses enseignements, c'est toujours être vide de quelque chose. Un verre peut être vide de thé mais il est alors plein d'air, plein d'espace. Donc être vide, c'est être vide de quelque chose. »

Revenons à la fleur puisque nous sommes partis d'elle. Elle est pleine et, pourtant, elle est vide d'une chose, vide d'une existence séparée. Elle ne peut pas être par elle-même. Elle doit nécessairement interêtre avec tout l'univers. Cela veut dire qu'elle est pleine de l'univers et donc vide seulement d'un soi séparé. C'est-à-dire d'un moi propre.

Le Bouddha a beaucoup insisté sur le vide mais il a demandé à ses disciples de ne pas devenir prisonniers de cette notion, de ne pas en faire un absolu. On doit s'en servir comme d'une aide précieuse sans pour autant la vénérer. D'une aide précieuse pour mieux comprendre ce problème qui tellement nous obsède, le problème de la naissance et de la mort.

Regardons la fleur une fois de plus. Elle n'est pas née du néant car rien ne peut naître du néant. Elle est le résultat d'une série de transformations, d'une série de manifestations qui remontent au fond des âges. On a l'impression qu'elle naît le jour où son bouton s'ouvre et s'épanouit mais ce n'est pas vrai. La fleur existe depuis toujours. Elle est dans la graine qui est née sur une autre fleur. Elle est dans le vent qui l'a amenée, dans la terre et dans l'eau qui ont été nécessaires pour la faire pousser. Si bien qu'on peut dire en vérité que la fleur n'est pas une création. Simplement, elle se manifeste lorsque toutes les conditions sont présentes pour qu'elle puisse se manifester.

Sur les murs du Village des Pruniers, on voit souvent une pancarte qui proclame : « Vous n'êtes pas une création, vous êtes une manifestation. » Ce qui est vrai pour la fleur est vrai pour toutes les manifestations et aussi, bien entendu, pour l'homme. Nous naissons lorsque toutes les conditions sont rassemblées pour que se produise cette naissance. Et parmi ces conditions, il y a la mort sans laquelle cette nouvelle manifestation qu'est un être humain ne pourrait pas se produire.

Nous aurons l'occasion de revenir plus profondément sur ce thème essentiel. Ce qui nous frappe dès maintenant, c'est que, bien compris, ce thème modifie radicalement notre vision de nous-mêmes et de l'univers tout entier.

A partir du moment où je cesse de me prendre pour un moi séparé, où je sais que je suis un avec toutes les grandes forces de l'univers, je ne peux plus voir ce qui m'entoure avec les mêmes yeux. Cet insecte qui est en train de marcher sur mon bureau, je suis un avec lui. Je ne puis tout simplement plus l'écraser avec mon pouce comme s'il était une quantité négligeable. Je suis un avec lui mais aussi avec le vent, les végétaux, l'océan, les pierres. Pour reprendre une expression de Thây, je ne me contente pas d'être, « j'intersuis ». Je ne peux plus me sentir séparé des hommes et des femmes qui m'entourent. Et cette découverte, cette compréhension de l'inter-être ne peuvent que m'amener, avec la pratique, à la vraie compréhension et au véritable amour.

« La compréhension, dit Thây, a pour corollaire la compassion et l'amour qui, à leur tour, conduisent à l'acte juste. Pour aimer, il faut d'abord comprendre. »

III

Village des Pruniers, sept heures et demie du matin. La méditation vient de se terminer. En ce premier matin de la retraite francophone, il suffit de regarder les visages des retraitants pour comprendre qu'ils viennent de vivre une belle expérience. Les voici plongés dans une atmosphère de silence, de tendresse et de dévotion. En fait ils vont vivre, aujourd'hui et les jours suivants, un peu de ce que vivent les cent douze moines et moniales répartis dans les trois hameaux du Village des Pruniers.

Des êtres jeunes pour la plupart. De nombreux Vietnamiens et Vietnamiennes mais aussi des Hollandais, des Allemands, des Canadiens et même, depuis peu, des Français. Des êtres qui, si nous nous en tenons aux réalités visibles, n'ont pas choisi une vie facile.

Certes, le Bouddha n'a jamais donné la première place à l'austérité sur le chemin spirituel. Dès le début de ses prédications, dans son fameux discours de Bénarès, il a proclamé :

« Il y a deux extrémités, ô moines, dont celui qui mène une vie spirituelle doit rester éloigné. Quels sont ces deux extrêmes ? L'un est une vie de plaisir, ordonnée aux plaisirs et à la jouissance : cela est bas, ignoble, contraire à l'esprit, indigne, vain. L'autre est une vie de macérations : cela est triste, indigne, vain. De ces deux extrêmes, ô moines, le Parfait s'est gardé éloigné et il a découvert le chemin qui passe au milieu, le chemin qui dessille les yeux et l'esprit, qui mène au repos, à la science, à l'illumination du Nirvâna. »

Ce Chemin du Milieu, Thich Nhat Hanh l'explicite de cette façon dans son commentaire sur le Soutra de la Maîtrise du serpent :

« Nous devons établir une distinction entre la complaisance envers le plaisir et l'expérience sereine de la joie et du bonheur. Si une trop grande indulgence à l'égard du plaisir apparaît comme nuisible, l'expérience de la joie et du bonheur fonde en revanche notre bien-être physique et spirituel et oriente notre chemin sur le sentier de la pratique. »

Les moines et les moniales des Pruniers n'auront donc pas à vivre les austérités effrayantes vécues par les grands ascètes de la tradition chrétienne. Il n'en reste pas moins que, pour faire l'expérience de la joie et du bonheur, il leur faudra passer par une vie qui semble bien austère à la plupart des retraitants fraîchement arrivés de leur douillette existence.

Le crâne rasé, nous l'avons vu, est une saisissante image de la dépossession d'eux-mêmes et il est vrai que des possessions, ils n'en connaîtront guère. Tout juste quelques objets personnels et les habits qu'ils portent sur eux. Il leur faut dormir dans des chambres communes, prendre, sans excès et en silence, des repas strictement végétariens, se livrer pendant des heures à ce qu'ils appellent « la méditation du travail », en silence toujours. Ils ont peu de récréations, peu de plaisirs, pas de spectacles, pas de télévision, pas de musique et, bien entendu, pas du tout de vie sexuelle.

Ils vivent donc une vie de grand renoncement et pourtant ce qui frappe, chez tous ces êtres, c'est leurs visages détendus et leurs sourires.

Nous avons voulu en savoir plus et, pour cela, nous avons demandé la permission de réunir autour de nous trois jeunes moniales d'origine vietnamienne. Elles ont accepté de parler d'elles à condition que leurs noms, ou même leurs prénoms, ne soient pas prononcés. Voilà pourquoi nous les appellerons sœur X, sœur Y et sœur Z.

Elles ont toutes les trois le même point de départ. Cela est frappant et se retrouve chez tous ceux, hommes et femmes, que nous rencontrerons par la suite. Tous et toutes ont connu une insatisfaction profonde face à la vie qui leur était proposée par la société de consommation.

Ecoutons sœur X, une jeune femme asiatique au visage très réfléchi, son crâne rasé protégé du froid par un bonnet de laine :

« Je regardais autour de moi et je voyais que la plupart des membres de ma famille gagnaient bien leur vie. Mes parents étaient médecins, ils consommaient beaucoup, comme on consomme au Canada où nous vivions. Je les voyais vivre et j'éprouvais un sentiment d'irréalité. C'était étrange : ils se levaient le matin, allaient au travail, faisaient leurs courses au supermarché, rentraient à la maison, regardaient la télévision, se couchaient et, le lendemain, ils recommençaient. Ils vieillissaient peu à peu, leur vie était toujours la même et je me demandais comment ils pouvaient continuer ainsi.

« Autour de moi, je voyais des êtres qui semblaient ne pas réfléchir, qui ne se posaient pas, semblait-il, de questions. Ils disaient : "Nos parents nous ont mis au monde et maintenant, nous sommes ici." Cela n'allait pas plus loin et moi, j'avais besoin de comprendre. »

Ecoutons sœur Y :

« Je suis née aux Etats-Unis, j'avais une vie confortable. Je regardais autour de moi et je voyais qu'il n'y avait pas beaucoup de bonheur. Si j'en croyais ma famille, mon chemin était tout tracé : je devais faire de bonnes études pour avoir une bonne situation, fonder une famille… en fait, continuer la vie que menaient mes parents en sachant que mes enfants feraient de même. J'ai voulu regarder au-delà de cette structure dans laquelle j'étais enfermée… »

Sœur Z :

« Moi je viens d'une famille de collectionneurs. Mes parents n'arrêtaient pas d'accumuler des choses et j'avais le sentiment que ce n'était pas juste. Notre espace était toujours en désordre et il y avait beaucoup de choses dont nous ne nous servions même pas. Ma famille a beaucoup déménagé et, chaque fois, c'était une souffrance parce qu'il fallait tout emballer avec, toujours, la crainte d'oublier quelque chose. Et sans cesse il fallait acheter, acheter.

« Bien sûr, parmi toutes ces choses, il y en avait qui étaient bonnes mais la plupart étaient inutiles. Et puis les choses, une fois qu'on les a, il faut les protéger. Dans la maison de mon père, chaque fois que nous sortions, il fallait brancher le système de sécurité. Ici, je me sens en sécurité, je ne ferme jamais ma porte à clé. J'avais toujours peur alors que, maintenant, je peux sortir, même au milieu de la nuit, sans ressentir la moindre crainte.

« Le grenier et la cave étaient pleins de choses, de papiers, de livres et je me sentais déprimée chaque fois que j'y entrais. Moi j'avais besoin d'espace, je voulais être libre.

« Je vois la consommation comme une sorte de prison. Une prison dans laquelle, comme tant d'autres, ma famille est enfermée. Quand une grande partie de la vie tourne autour de la télévision, il est difficile de ne pas être un consommateur. Je voulais sortir de cette structure et je ne savais pas comment. »

Voici donc trois jeunes filles venues de familles aisées, ayant vécu dans des pays aussi riches que les Etats-Unis et le Canada. Toutes les trois ont fait la même constatation : autour d'elles, même s'ils étaient riches, comblés de biens, les gens n'étaient pas heureux. Leur quête est née de ce constat.

« Ma famille était bouddhiste, poursuit sœur X. J'allais au temple avec ma grand-mère mais je n'y trouvais pas les réponses aux questions qui montaient en moi.

« Je vivais alors du côté de Montréal et Thây est venu donner une conférence. Je ne savais pas qui il était, je l'ai écouté avec un esprit ouvert. J'ai tout de suite vu qu'il était un homme simple. Il parlait des choses qui concernaient la vie quotidienne des gens. Je suis allée dans la montagne où il donnait une retraite, j'ai appris à marcher, à manger, à laver la vaisselle en Pleine Conscience. C'était tellement simple. Je me suis rendu compte que, pendant dix-neuf ans, je n'avais pas vraiment vécu. Alors je me suis posé la question : est-ce que j'allais continuer à m'agiter, à consommer, à courir dans tous les sens ou est-ce que j'allais tout simplement vivre ma vie dans l'instant présent ?

« Tout a changé en moi. J'ai pu avoir de vraies relations avec mes parents. Je suis entrée à l'université, j'y suis restée pendant trois ans, je suis devenue ingénieur, j'ai trouvé un premier travail avec un bon salaire, je pouvais dépenser mon argent comme je le voulais mais cela ne m'apportait guère de vraies satisfactions.

« Je suis venue ici avec l'intention de rester deux semaines et je suis restée six mois. J'ai été ordonnée en 1994. Je vois mes faiblesses, je sais que je suis encore vulnérable, comme un petit caillou quand quelqu'un le touche par accident mais je pratique, j'apprends à m'accepter telle que je suis. Je suis heureuse parce qu'enfin, je peux être moi-même. »

Tout comme sœur X, sœur Y et sœur Z ont été éblouies par leur rencontre avec Thich Nhat Hanh. Eblouies par sa simplicité, par la limpidité et le côté pratique de son enseignement. Lorsqu'on demande à sœur Z, si jeune encore, si cela ne l'effraie pas de devoir vivre toute sa vie dans un monastère, elle s'écrie : » Non, cela ne m'effraie pas du tout. J'ai le sentiment que je n'aurai pas assez de ma vie pour pratiquer. Il y a tellement de choses à transformer en moi. »

Après ces trois Vietnamiennes qui avaient toutes les raisons de se trouver à l'aise dans la tradition bouddhiste, il était intéressant de parler avec des Françaises. Voici Carole, vingt-trois ans, qui est née dans l'Allier au sein d'une famille très catholique. Lorsqu'elle était en classe de philosophie, elle a dû faire un exposé et, sans trop savoir pourquoi, elle a choisi le bouddhisme, ce qui l'a amenée à lire *La Force de l'amour* (La Table Ronde, 1995) de sœur Chân Không et, un peu plus tard, à venir aux Pruniers. « J'ai été surtout marquée, dit-elle, par le fait que cette communauté, qui ne me connaissait pas, m'accueillait, me souriait, m'offrait à manger. J'ai senti un amour inconditionnel et c'était ce dont j'avais besoin. Je suis revenue l'été suivant pour m'occuper des enfants pendant une retraite, puis je suis restée trois ans sans venir. A mon retour enfin, je croyais rester deux semaines et je suis toujours là. J'ai senti que c'était mon chemin, que je ne pouvais pas faire autrement que de rester. Je me suis dit : Il faut que tu restes ici pour te construire.

« J'étais un être fait de conflits et j'ai compris qu'en faisant la paix avec moi-même, j'œuvrais pour qu'il y ait un peu plus de paix dans le monde. C'est aussi simple que cela et cela vaut bien la peine de renoncer à tout le reste. »

Le chemin de Patricia, quarante-deux ans, a été plus torturé. C'est une grande fille exubérante, rieuse, toujours en mouvement. On a le sentiment que dans sa vie d'avant, elle devait être le boute-en-train de toutes les rencontres alors même qu'elle était habitée, au fond d'elle-même, par un appel qu'elle ne comprenait pas. A vingt ans, elle a découvert la rigueur de la vie spirituelle en lisant Krishnamurti. « Il m'accompagne toujours, vingt ans après, affirme-t-elle, car c'est lui qui, le premier, m'a réveillée de mon endormissement. Je l'aime car il est décapant, il ne fait pas de cadeau. J'aimais par-dessus tout la poésie et cette dimension me manquait dans la vie familiale. Là, on ne parlait que travail, organisation, nécessité de bien gagner sa vie pour être indépendante. »

Elle passe son bac, fait des études d'électrotechnique et devient électricienne dans un théâtre de Paris, puis à la SFP. De là à se retrouver derrière la caméra, il n'y a qu'un pas. La voilà *camera woman*, ce qui ne l'empêche pas de sentir se créer en elle, de plus en plus, un besoin d'absolu. Et comme elle ne fait pas les choses à moitié, elle va faire une retraite d'un mois dans un monastère tibétain où la règle est de faire huit ou neuf heures de méditation assise par jour.

Elle est transformée lorsqu'elle retourne à son travail. Elle qui était un peu coincée avec ses supérieurs, elle se sent maintenant à l'aise et, comme elle a besoin d'exotisme, elle part en Guyane pour y travailler à la télévision. Elle revient, fait une retraite de six mois dans un centre « vipasana », découvre le Village des Pruniers mais elle n'a pas l'idée alors d'y faire sa vie. Elle finit par démissionner et par entamer une psychanalyse tout en continuant avec régularité la méditation assise. Elle cherche, explore les voies qui lui sont offertes. C'est alors qu'elle repense au Village des Pruniers, à la douceur de sa communauté, à la poésie de l'enseignement de Thây. Elle décide d'y venir pour un an, bien persuadée qu'au bout de cette longue retraite, elle retournera dans le monde.

« Cette année n'a pas été facile car j'avais vécu vingt années de façon libre et indépendante. Là où je bute le plus, c'est sur ce que nous appelons ici les "manières raffinées". Je le reconnais, je fais partie des disciples un peu difficiles de Thây. J'ai une difficulté pour faire ce que d'autres font très facilement, sans doute parce que le rituel ne m'intéresse pas tellement. Je suis un peu atypique comme bouddhiste mais quand je m'observe, je m'aperçois que je change beaucoup et cela m'encourage.

« Moi qui suis très individualiste, je découvre petit à petit les avantages de la communauté, que nous appelons la Sangha. Elle me travaille, me façonne, me donne la patience d'attendre que les choses travaillent en moi.

« Il faut vraiment s'écouter vivre, aller au bout de chaque chose. C'est cela être présent à tout ce qui se passe en soi…

« Et, encore une fois, je ne le répéterai jamais assez, pour ce travail, le rôle de la Sangha est immense. Rien ne pourrait se faire sans elle. »

La Sangha… Toujours et sans cesse, ce mot n'a cessé de revenir dans les conversations avec les uns et avec les autres. Ce qui serait encore un point commun, s'il en était besoin, avec le monachisme chrétien pour lequel la communauté est tellement importante. Dans ses enseignements et ses retraites, Thich Nhat Hanh ne cesse d'y revenir. Avec le Bouddha et le Dharma (l'enseignement), elle est l'un des Trois Joyaux dans lequel tout bouddhiste doit prendre refuge s'il veut avoir des chances de poursuivre son chemin.

« On dit au Viêt-nam, raconte Thây, que si un tigre abandonne sa montagne pour descendre dans la campagne, il va être tué par les hommes. La même chose est vraie pour un pratiquant. Il sera perdu parce que les conditions de la vie l'auront entraîné dans l'oubli. S'il veut résister à ce courant, il doit s'appuyer sur le bastion de résistance qu'est la Sangha. »

Le chemin n'est pas facile, nous le savons tous. Nous avons toujours tendance à livrer bataille à nos difficultés et à notre souffrance alors qu'il faudrait les reconnaître et les embrasser avec beaucoup de tendresse. Si on est seul sur ce chemin, on finit par oublier la pratique alors que si on est au milieu d'une communauté, il y a toujours un frère ou une sœur pour nous aider à revenir à cette pratique.

La Sangha du Village des Pruniers est donc composée par les trois hameaux, le hameau du haut réservé aux hommes, le hameau du bas réservé aux femmes et le hameau nouveau, qui est aussi un monastère de femmes mais qui peut accueillir les couples venus pour des retraites ou pour des séjours. Car la Sangha est ouverte à ceux qui ne font que passer comme à ceux qui décident de revenir périodiquement pour trouver l'aide dont ils ont besoin.

« Dans les moments les plus difficiles, affirme Thich Nhat Hanh, vous devez retourner à votre Sangha d'origine parce qu'elle est votre dernier bastion. »

Il a beaucoup insisté sur ce point lors de la retraite francophone :

« Parfois, dans la vie quotidienne, vous perdez l'équilibre, vous avez l'impression que vous allez craquer, que vous ne pouvez plus continuer, que vous êtes trop faibles pour pouvoir confronter ces difficultés. Si vous avez un ami qui vous comprend, qui a assez de solidité, de liberté, il sera pour vous un secours. Il faut aller vers lui, vous asseoir près de lui et commencer à respirer. Alors vous allez retrouver votre équilibre. Bien sûr, vous ne pouvez pas rester toujours avec lui mais vous pouvez profiter de sa présence pour retrouver votre équilibre.

« Il en va de même avec la Sangha. Quand vous êtes en son sein, vous devez profiter de l'énergie de tous pour rétablir en vous l'équilibre et repartir chez vous régénéré. Vous pouvez combiner votre propre énergie de la Pleine

Conscience avec l'énergie de la Sangha. Comme cela vous n'aurez plus peur. Prendre refuge dans la Sangha, ce n'est pas une expression de foi, c'est une pratique de tous les jours. Moi-même, en enseignant le Dharma, je dois prendre refuge dans la Sangha. J'ai besoin de la Sangha pour me soutenir. Elle me donne beaucoup d'énergie, de soutien et de joie.

« Un maître sans Sangha, c'est comme un musicien sans instrument de musique. La Sangha vous encourage à développer vos points forts pour pouvoir transformer les points faibles. Tout le monde suit cette voie et c'est une tradition qui remonte à 2 600 ans. »

C'est donc auprès de la Sangha que le pratiquant peut trouver de l'aide quand il est en difficulté. Mais la Sangha est beaucoup plus que cela. Elle est un centre d'énergie collective incroyablement puissant. Une personne qui médite seule dans son coin, c'est déjà beau mais dix personnes, cent personnes qui méditent ensemble représentent une formidable source d'énergie, si formidable qu'elles peuvent transformer ce qui les entoure. On peut dire qu'elles œuvrent vraiment pour le bien de la Terre et de l'humanité. Elles rayonnent l'énergie de la Pleine Conscience, la compréhension, la compassion, l'amour universel.

Dans chacun des trois monastères des Pruniers, à l'entrée de la salle à manger, il y a une carte sur laquelle sont indiquées les villes où il y a des Sanghas, ainsi que leurs adresses. Thich Nhat Hanh ne cesse d'insister sur l'importance de fonder soi-même sa propre Sangha. « Bâtir une Sangha, dit-il, est la tâche la plus noble qu'on puisse accomplir. » Il recommande donc de trouver un lieu où puissent se réunir les pratiquants d'une même ville ou d'aller tantôt chez l'un ou tantôt chez l'autre mais, en tout cas, de se retrouver le plus souvent possible pour vivre, ensemble, une journée de Pleine Conscience. C'est beaucoup plus efficace que de le faire chez soi car on s'aide l'un l'autre. On peut aussi, dans des villes plus importantes, avoir des Sanghas plus spécialisées, des Sanghas de médecins ou d'enseignants, par exemple, afin de pouvoir y discuter des difficultés rencontrées auprès des malades ou des élèves et de s'entraider pour les résoudre.

Même une famille peut être une Sangha. Thây affirme que les enfants sont tout à fait capables de vivre la Pleine Conscience, de pratiquer la méditation assise ou la marche méditative et il est vrai que les enfants qu'il tient par la main lors de certaines méditations marchées ont une attitude tout à fait recueillie. Encore ne s'agit-il pas de se précipiter vers la Sangha dès qu'on a un problème tout en l'oubliant quand tout va bien. Au contraire, il faut pratiquer pendant les périodes fastes pour pouvoir le faire également lorsque rien ne va plus.

« Bien sûr, dit-il, on ne peut sécher le bois de chauffage pendant les journées de pluie. Il faut le sécher les jours où il y a du soleil. Quand vous pouvez respirer, quand vous pouvez sourire, quand vous considérez que votre vie est normale, alors c'est une occasion en or pour pratiquer afin de générer cette énergie de la Pleine Conscience. Ce sont des jours ensoleillés. Et un jour, il pleuvra, un jour la souffrance surgira et vous aurez besoin de bois pour vous chauffer. »

Aux yeux de sœur Chân Không, la Sangha est aussi importante pour le maître que pour les disciples. Il est certes le guide mais les disciples peuvent contribuer à enrichir son enseignement par leurs difficultés et leur pratique. Leurs expériences aident le maître à aider d'autres disciples. « Quand on vit ensemble, dit-elle, on partage, on s'avance ensemble, on travaille ensemble et plus on s'enrichit, plus on fait grandir le fleuve qui nous conduit à l'océan divin, l'océan du bonheur, de la compréhension et de l'amour. »

Toute communauté a besoin d'un guide et, au Village des Pruniers, dans chacun des trois hameaux, ce guide est l'abbé ou l'abbesse. A Loubès-Bernac, au monastère des nonnes, la mère abbesse s'appelle Gina. Si on devait, en un seul mot, définir l'impression que produit cette jeune femme au premier regard, le mot le plus adéquat serait sans doute « calme » ou peut-être « équanimité ». Tout en elle est mesuré, ses gestes, sa façon de marcher, de parler, comme si elle était en permanence habitée par cette Pleine Conscience à laquelle, ici, tous aspirent. Le fait d'être abbesse ne la dispense pas de participer aux travaux communs, à la cuisine, à la vaisselle ou au jardin. Elle aime par-dessus tout, dit-elle, à repiquer des plants de salade et elle connaît bien les subtilités du jardinage biologique. Elle habite ici mais elle voyage aussi beaucoup. Lorsque nous l'avons rencontrée, elle revenait d'Allemagne et, lors de notre prochain passage aux Pruniers, elle était en Israël où elle conduisait des retraites. Ce pays a tellement besoin de paix que, deux fois par an, la communauté y organise des retraites qui sont de plus en plus suivies et qui s'adressent aussi bien aux Palestiniens qu'aux Israéliens.

Sœur Gina est heureuse ici, elle le dit et cela se voit. On voit aussi que cette femme en apparence si calme est une passionnée. C'est sans doute pour cela que son témoignage est tout particulièrement vivant. Il s'agit d'un de ces témoignages qui méritent d'être transcrits d'un bout à l'autre.

« Quand j'avais sept ans, se souvient-elle, je voulais déjà être religieuse. Sœur catholique car, en ce temps-là, je ne connaissais pas autre chose. Ma mère était Irlandaise, mon père Hollandais et nous vivions aux Pays-Bas.

« Le dimanche matin, lorsque nous voulions aller à la piscine, ma mère nous disait : "Allez-y. Moi je vais à l'église pour tout le monde." Elle ne disait pas cela pour nous faire des reproches ou nous culpabiliser. Sans le savoir, elle vivait déjà l'interêtre que nous essayons de pratiquer ici. Elle nous disait toujours que nous devrions aimer nos voisins comme nous-mêmes. C'était une vraie chrétienne qui nous a appris à aimer au lieu de nous demander d'aller à l'église tous les dimanches.

« Donc je voulais être sœur mais lorsque j'ai eu douze ans, j'ai commencé à regarder autour de moi et j'ai constaté que les prêtres, les religieux et les religieuses de l'Eglise catholique ne vivaient pas vraiment la vie à laquelle j'aspirais. J'avais déjà une foi exigeante. Je ne me sentais jamais seule parce que Dieu était toujours à mes côtés, surtout lors des interminables promenades que je faisais dans les forêts des alentours.

« Un jour, au catéchisme, la maîtresse nous a demandé de décrire Dieu. Mon tour venu, j'ai dit : "Mais je ne peux pas décrire Dieu ! Il me faudrait décrire tout l'univers et je n'ai pas assez de mots pour cela." La maîtresse a affirmé que je n'étais pas une bonne catholique.

« Donc, depuis mon enfance, je sentais vraiment cette Présence sans pouvoir, bien sûr, l'expliquer. Nombreux sont les enfants qui font cette expérience.

« Je voyais ma mère faire du yoga et de la méditation et je me disais : Au fond, c'est cela que je cherche. »

Avec de telles dispositions, il n'est pas étonnant qu'au sortir de l'adolescence, Gina ait été attirée par un maître qui enseignait, en même temps la méditation, la prière chrétiennes et la méditation hindouiste avec les mantras et la méditation zen. C'est ce maître qui lui a dit un jour : « Au Japon, il y a des maîtres qui font de la méditation et qui ne pensent même pas. »

« Qui ne pensent même pas... » Cette phrase, dit-elle, a été pour elle la phrase-clé. Depuis longtemps déjà, elle souffrait de terribles migraines et elle avait remarqué que celles-ci s'amélioraient si elle parvenait à s'arrêter de penser. S'il était vrai que des moines japonais parvenaient à ne plus penser, alors il lui fallait se mettre à leur école.

La vie avance vite et elle avait déjà vingt-sept ans lorsqu'elle est allée au Japon pour la première fois. Elle a été éblouie par ce premier séjour. « Je suis allée dans plusieurs monastères. Pratiquer la méditation avec des moines dans un monastère qui avait huit cents ans, être là et sentir l'énergie générée pendant ces huit cents années... Je me sentais tellement portée par cette énergie qu'il me suffisait de m'asseoir sur un coussin pour entrer aussitôt en méditation. »

Elle va revenir et revenir encore. « En 1985, se souvient-elle, je me suis trouvée dans un petit temple en pleine montagne. Le maître avait soixante-treize ans et j'ai réalisé que j'avais en lui une confiance absolue. Après trois ou quatre jours, je lui ai demandé s'il voulait m'accepter comme disciple et il a dit oui. Je suis restée trois ans auprès de lui et, petit à petit, j'ai compris beaucoup de choses. C'était la contemplation que je cherchais et, si ma vie s'était organisée d'une manière différente, sans doute aurais-je pu la trouver chez les bénédictines ou les cisterciennes. »

Au bout de ces trois ans, pour des problèmes de visa, elle doit quitter le Japon. En passant par Taiwan, elle rencontre un maître qui lui demande ce qu'elle a appris au Japon. « En y arrivant, répondit-elle, je croyais que je savais quelque chose. Aujourd'hui, je sais que je ne sais rien. »

Peu après, elle découvre le Village des Pruniers. Elle y arrive pour une retraite de vingt et un jours et elle y est encore dix ans plus tard. Au début, pour rester auprès de Thich Nhat Hanh, il lui a fallu l'autorisation de son maître japonais. Elle est allée la lui demander au Japon. Il était à l'hôpital.

« Lorsque je suis entrée dans sa chambre, il m'a aussitôt demandé : "Est-ce que tu peux maintenant transmettre les cinq entraînements à la Pleine Conscience ?" J'ai répondu oui et il m'a dit : "Bon, d'accord, buvons du thé." Il a compris que j'étais prête et il a accepté que quelqu'un d'autre m'ait donné cette permission. J'en ai été très touchée.

« Il est mort en 1997. J'étais absente des Pruniers et on n'a pas pu m'atteindre, si bien que je n'ai pu aller à ses obsèques. Au bout de quarante-neuf jours, il y a une grande célébration. J'aurais aimé y aller mais c'était en pleine retraite d'hiver, l'époque où on ne sort pas du monastère. J'ai donc demandé à Thây si nous pouvions faire une cérémonie ici et il a dit oui. Il y avait un autel sur lequel on avait placé la photo de mon maître et une commémoration que Thây avait écrite en chinois. Il m'a demandé de le suivre, il est allé jusqu'à l'autel et il a touché la terre trois fois. J'ai été très émue et j'ai compris que mon maître japonais était à cent pour cent d'accord pour que je place ma vie spirituelle entre les mains de Thây. »

Elle est donc abbesse aujourd'hui après ce long parcours et quand on lui demande ce que cela signifie pour elle, elle prend un long moment de réflexion avant de répondre :

« C'est différent pour chacun. Pour moi, ce qui me concerne le plus, plus que les études par exemple, c'est la vie communautaire. C'est une pratique de chaque minute car, chaque minute, je dois faire face à la capacité d'aimer que j'ai ou qui me manque. Je sens, je sais si je l'ai ou si je ne l'ai pas et je sais que mon chemin, c'est de l'avoir.

« Quand j'avais dix-huit ans et que mes amies et moi,

nous parlions du mariage, je disais toujours : "Je ne peux imaginer d'aimer une seule personne. Je veux aimer tout le monde, comme Jésus Christ." C'est encore vrai pour moi aujourd'hui.

« Je suis responsable de celles qui vivent ici et aussi de ceux ou de celles qui ne font que passer. Il me faut reconnaître de quoi ces personnes ont besoin pour développer et manifester cet amour. Je dois les aider à travailler sur les points forts et à transformer les points faibles. Tout comme, moi-même, je suis confrontée à ma force et à ma faiblesse.

« Cette faiblesse qui est en moi, si je l'accepte, elle peut devenir un point fort. C'est quelque chose de très concret que je peux pratiquer à chaque instant. Car c'est cela la pratique. Il ne s'agit pas de se culpabiliser pour ses faiblesses mais de savoir qu'à chaque instant, on peut revenir. La porte est toujours ouverte.

« Il y a un prêtre orthodoxe, le Père Philippe, qui est venu nous voir du monastère voisin de Sainte-Croix. Il nous a dit : "Nous sommes sur la terre pour apprendre à aimer." Je suis d'accord à cent pour cent, comme je suis d'accord lorsque je lis dans un livre ce qu'a été le rôle des abbés et des abbesses dans la tradition chrétienne.

« Pour moi, j'ai remarqué que vivre pleinement est une sorte d'habitude. Par exemple, je sais si je suis tout à fait présente ou non. De temps en temps, je me rends compte que je ne le suis pas et, quand cela m'arrive, je me dis "Reviens !" et je reviens et reviens encore autant de fois que c'est nécessaire. Lorsque je ne suis pas dans le présent, je peux choisir : ou bien je reste dans le monde du rêve, là où mon corps n'est pas, ou bien je décide de revenir et je me rends compte qu'avec un peu d'entraînement, cela devient de plus en plus facile. Je reste plus longtemps consciente et mon esprit devient de plus en plus léger. Cela m'arrive surtout au cours des journées de paresse. »

Les journées de paresse… Voilà qui ne fait pas très sérieux dans un monastère aussi traditionnel. C'est pourtant une application directe de l'enseignement de Thich Nhat Hanh. Dès son arrivée en Occident, il a été frappé par la fébrilité qui y régnait, par tous ces gens qui couraient dans tous les sens au cœur des villes, ces gens qui avaient besoin d'être occupés à tout prix, de multiplier les rendez-vous, d'accumuler les occupations et les distractions, de passer des heures devant la télévision, de se passionner pour des choses qui, manifestement, n'en valaient pas la peine.

Dans son livre *La Sérénité de l'instant*, Thich Nhat Hanh écrit :

« En Occident, nous sommes amplement déterminés

par nos buts. Nous voulons savoir où nous allons et nous mobilisons toute notre énergie pour y parvenir. C'est une attitude sans doute utile mais qui, souvent, nous fait oublier de nous amuser en chemin.

« Il existe un mot bouddhiste qui signifie *absence de souhait* ou *absence de but*, l'idée étant qu'il est inutile de placer devant soi quelque chose pour lui courir après puisque tout est déjà là, en soi-même. En pratiquant la marche méditative, nous n'essayons pas d'arriver quelque part. Nous nous contentons de marcher dans la paix et la joie. Si nous pensons sans cesse à notre avenir, à ce que nous voulons réaliser, nous nous égarons...

« Souvent, nous nous disons : "Mais ne reste pas assis comme ça, remue-toi !" En fait, la pratique de la vigilance nous fait découvrir quelque chose d'inhabituel : que l'utilité est peut-être ailleurs et que nous devrions plutôt nous dire : "Arrête de te remuer et assieds-toi !"

« Nous devons apprendre à nous arrêter de temps en temps afin d'y voir plus clair. Au début, cet arrêt peut nous sembler une résistance à la vie moderne, à tort toutefois. Il ne s'agit pas seulement d'une réaction ; c'est une capacité d'arrêter de se hâter... Et notre exercice a cet objectif-là, ne pas fuir la vie mais la vivre et prouver que le bonheur de vivre est possible à la fois aujourd'hui et dans l'avenir... »

Au Village des Pruniers, le lundi est donc une journée

de paresse. C'est-à-dire que c'est une journée sans structures, que chacun est libre de vivre à sa guise. Les seuls horaires obligatoires sont ceux des repas. En dehors de cela, on fait ce qu'on veut, on se lève quand on veut, on se promène où on veut, comme on veut. On peut même travailler si on en a envie mais à condition que ce soit d'une manière détendue et, autant que possible, qu'il s'agisse d'un travail différent de celui qu'on fait chaque jour.

« Nous disons paresse, explique sœur Gina, parce que, dans la vie moderne, il faut être toujours occupé. C'est une habitude de la société. Ici, le lundi, nous avons le droit de ne rien faire en toute bonne conscience. Les cloches même se taisent. On peut se dire, par exemple : "Entre le petit déjeuner et le déjeuner, j'ai devant moi trois heures au cours desquelles je peux faire tout ce que je veux en toute paresse." Essayez vous aussi de faire une journée de vraie paresse et vous verrez qu'il n'est pas si facile d'être paresseux. Bien sûr, la seule chose importante, quoi qu'on fasse, est de le faire en Pleine Conscience.

« Pour les jeunes moniales, il est parfois difficile d'être ainsi livrées à elles-mêmes. La cloche, l'emploi du temps, les activités réglées sont souvent pour elles un cadre dont elles croient avoir besoin. »

Un autre moment très important de la vie communautaire est ce qu'on appelle ici « le nouveau départ ». Il a lieu les soirs de nouvelle et de pleine lune. Ces jours-là, dans les trois monastères, les moniales et les moines se rassemblent autour de l'abbé et des abbesses.

C'est un moment essentiel pour les relations interpersonnelles, la possibilité d'exprimer ce que la communauté apprécie chez chacun et chacune. Une sorte d'examen de conscience très proche de ce qui se passe chez les chrétiens mais, autant que possible, en évitant de faire surgir la moindre trace de culpabilité.

On lit les préceptes du Bouddha en s'arrêtant sur chacun d'eux et chacun a le droit de s'exprimer. Il ne s'agit en aucun cas de lancer une discussion car tout cela doit se faire dans l'écoute profonde, dans la Pleine Conscience. On commence en général par exprimer sa gratitude pour tel ou telle. Cela s'appelle « arroser la fleur ». On peut se rendre compte, par exemple, que quelqu'un s'est vraiment appliqué dans sa pratique. Alors on le dit. Par exemple : « Je te remercie d'avoir fait cela pour moi. » On peut aussi exprimer un regret : « La semaine passée, tu m'as demandé de faire quelque chose et je ne t'ai pas répondu avec gentillesse. Je le regrette. » Cela s'arrête là afin d'éviter toute discussion.

« C'est une pratique, explique Gina, qui se fait dans l'écoute profonde et la parole aimante. Dans la vie quotidienne, quand on dit à quelqu'un : "Merci, je te suis reconnaissante", la personne répond en général : "Ce n'est rien." Nous, nous faisons la pratique d'accepter la fleur qui nous est offerte. Ce n'est pas rien. Et quand nous exprimons un regret, l'autre se fait une loi d'accepter sans répondre. »

Bien sûr, il s'agit là d'un scénario idéal. Il arrive – et c'est bien normal – que les relations ne soient pas aussi angéliques et que les blessures ne guérissent pas si facilement. Il arrive que la personne à qui on a un reproche à faire refuse d'accepter ce reproche. Dans ce cas, elle a le droit de dire tout ce qu'elle a sur le cœur mais surtout, surtout, pas tout de suite. Il faut attendre, ne jamais s'exprimer dans la colère. Comme le dit sœur Gina : « Il faut d'abord prendre soin de la colère ou du regret avant de parler. Cela permet, le moment venu, d'utiliser des mots qui ne blessent pas.

« Plus tard, quand on est calme, on se met ensemble. On peut commencer par dire quelque chose comme ça : "J'ai peut-être une fausse perception mais j'ai eu le sentiment que tu as dit cela d'une façon pas très gentille et j'en ai été blessée." L'autre écoute. Il peut arriver que la blessure soit très profonde, qu'on ait touché une corde très sensible. Alors la personne qui a été blessée doit prendre le temps de regarder profondément en elle pour voir ce qu'il y a de vrai dans ce que l'autre personne a dit. Pour faire cela, il faut avoir de la compassion envers soi-même. S'il n'en est pas ainsi, il est difficile d'accepter. On va se défendre, avoir du ressentiment envers l'autre et il va devenir difficile de rétablir l'harmonie.

« Il faut comprendre que nous sommes ce que nous sommes à cause de nos conditionnements. Parce que nous sommes nés dans telle famille, que nous avons été conditionnés par nos relations avec nos parents, nos frères, nos sœurs, nos professeurs, la société. Une fois qu'on a vu cela, alors on peut avoir de la compassion envers soi-même et accepter ce que l'autre a dit.

« Cette interaction peut faire du mal de temps en temps mais, dans la communauté, nous finissons par nous sentir plus proches les uns des autres et par nous mieux comprendre. Nous comprendre nous-même et mieux comprendre l'autre. Nous découvrons de plus en plus, au fil des "nouveaux départs", à quel point nous sommes liés les uns aux autres. Ce que nous disons forme l'autre et ce que l'autre dit nous forme. C'est ainsi que, peu à peu, nous nous libérons tous ensemble. C'est très beau et, en fait, c'est la raison d'être de la vie communautaire. »

Il existe une autre façon de prendre un « nouveau départ ». Celle-ci est réservée aux couples qui viennent au hameau nouveau, à Dieulivol, celui des trois monastères où des chambres ont été réservées pour eux. La responsable en est sœur Chân Không, l'ancienne, celle qui se définit modestement comme « la secrétaire de Thây ». Elle s'intéresse beaucoup aux couples et nombreux sont ceux qui ont trouvé auprès d'elle l'aide dont ils avaient besoin.

Sœur Chân Không s'exprime d'une façon tellement inimitable, tellement claire, légère et poétique qu'il serait dommage de ne pas la laisser parler. Ecoutons-la expliquer ce qu'est à ses yeux le « coup de foudre ».

« Quand deux jeunes personnes tombent amoureuses, le coup de foudre, on peut l'expliquer ainsi : quand vous étiez enfant, votre maman était parfois très agitée. Alors arrivait une de vos tantes. Elle avait les yeux bleus, les cheveux blonds, elle était très douce et elle vous regardait d'une façon très tendre. Cela provoquait en vous une profonde douceur, puis un profond épanouissement.

« Et puis vous avez grandi. A l'âge de la puberté, vous avez rencontré une jeune fille qui avait des yeux bleus, des cheveux blonds et vous vous êtes dit : "C'est la femme de ma vie, la personne que j'attends." Vous êtes tombé amoureux, vous avez vécu avec elle et vous vous êtes aperçu que cette douceur n'était pas celle dont vous aviez rêvé. Il y a eu de petits conflits, de petites blessures.

« Après trois mois ou trois ans, vous n'avez plus eu envie de rentrer à la maison. Si, par exemple, vous êtes médecin, vous vous êtes dit : "Peut-être devrais-je consacrer plus de temps à mes malades plutôt que de rentrer à la maison pour entendre des reproches." Si vous êtes écrivain, vous vous enfermez dans votre bureau, vous n'arrêtez pas d'écrire, vous n'avez plus le temps de discuter. Thây dit qu'on prend refuge dans le travail pour oublier les vrais problèmes de la vie.

« Ici, nous offrons un nouveau départ. Nous essayons de faire comprendre aux couples un peu désenchantés qu'ils peuvent avoir l'un de l'autre une image erronée et qu'il leur reste encore à découvrir la vraie réalité de l'autre. C'est vrai, cette jeune femme n'est pas la femme si douce dont vous avez rêvé dans votre enfance mais elle est tout de même, telle qu'elle est, une réalité merveilleuse. Ce jeune homme n'est pas le papa qui vous a tellement manqué mais il peut être merveilleux lui aussi et vous donner beaucoup de joie.

« Comment faire pour qu'un couple prenne conscience de cette réalité ? Nous lui demandons de faire chaque semaine un "nouveau départ". Après tout, dans la vie quotidienne, vous prenez le temps de faire des courses, de laver votre voiture, mais pas de renouveler votre amour. C'est dommage. C'est tellement important ! Thây vous propose de choisir un jour, de l'inscrire dans votre emploi du temps. Il suggère le vendredi soir parce que, ensuite, vous aurez tout le week-end pour vous réjouir. Alors si dans la semaine, vous avez eu des problèmes, si vous vous êtes dit des choses désagréables, si vous avez quelque chose à reprocher à l'autre, je vous en prie, attendez ce vendredi. Evitez de répondre tout de suite, de trancher le problème alors que vous êtes encore dans l'ardeur de la dispute ou dans l'amertume de la frustration. Prenez le temps de vous calmer, de restaurer entre vous deux la fraîcheur, le calme, la paix et la douceur.

« Le vendredi soir, pour commencer, vous pouvez prendre une fleur, la regarder profondément, vous imprégner de son calme, de sa beauté et vous pouvez commencer par dire les choses agréables qui se sont passées pendant la semaine. C'est celui qui tient la fleur qui a la parole et aussi longtemps qu'il la tient, l'autre ne doit pas l'interrompre. Vous pouvez dire quelque chose comme ça : "Tu as été merveilleuse car tu as consacré beaucoup de temps à ma mère alors que tu avais tellement de travail… Mardi, tu as donné un coup de fil à ma sœur malade…" Il est très important de commencer, dans la vérité, par les compliments. Cela donne une atmosphère apaisante.

« Ensuite et ensuite seulement, on peut exprimer les regrets, tous les regrets de la semaine. Par exemple : "Je t'ai vue si belle dans ta nouvelle robe et j'ai oublié de te dire que tu es un ange pour moi." Ou bien : "J'ai oublié de te remercier lorsque tu as fait pour moi telle ou telle chose."

« Jusqu'ici, c'est relativement facile. La troisième partie est plus délicate, car c'est le moment où il faut exprimer non plus seulement ses regrets mais son mécontentement. Il faut rester calme, écouter l'autre sans entrer en discussion. Avec un peu d'entraînement, l'expérience le prouve, c'est possible. "Tu as dit quelque chose qui m'a fait de la peine. Je n'ai pas compris. Explique-moi." Il suffit souvent d'expliquer pour que vienne le pardon.

« Je vais vous donner un exemple vécu : deux amoureux partent en pique-nique. La jeune fille n'a pas faim. Elle mange ce qu'il y a à l'intérieur de son sandwich et elle jette le reste dans la poubelle. Elle est stupéfaite de voir son ami entrer en fureur. Elle ne comprend pas, il ne s'agit que d'un peu de pain. Elle pense qu'il est avare, elle est fâchée.

« Heureusement, elle a déjà pratiqué le "nouveau départ". Deux jours plus tard, le vendredi, elle revient sur l'événement : "Souviens-toi, nous étions si heureux ce jour-là et juste parce que j'ai jeté un bout de pain, j'ai eu l'impression que tu me considérais comme une criminelle. Explique-moi. Je ne comprends pas."

« Lui, qui est Vietnamien, a répondu : "Autrefois, nous étions très riches. Mon grand-père et mon père étaient tous deux médecins. Mon père était médecin militaire. Quand les communistes sont arrivés, il a été arrêté et placé dans un camp de rééducation. Notre maison a été confisquée et toute notre famille a été envoyée à la campagne. Il y a des jours où nous n'avions rien à manger. A la fin de la guerre, les petites gens ont pu se débrouiller parce qu'ils avaient un peu d'or mais les intellectuels ont tout perdu parce qu'ils avaient placé tout leur argent à la banque. Nous n'avions vraiment plus rien. Lorsque mon père est enfin sorti du camp de rééducation, il nous a raconté que, certains jours, il allait jusqu'à ramasser de petits grains de riz pour tenter d'apaiser sa faim.

« "Vous, vous n'avez jamais manqué de rien et vous trouvez normal de jeter un morceau de pain dans une poubelle mais pour nous, le pain est sacré. Nous sommes très économes, nous ne jetons rien."

« La jeune femme a compris et elle a été émerveillée. Il ne peut y avoir d'amour s'il n'y a pas de compréhension. C'est ainsi que nous pratiquons le "nouveau départ" afin que les amoureux comprennent ce qui se passe vraiment derrière les actes de l'autre, afin qu'ils deviennent un l'un avec l'autre. Et cela doit se passer dans la joie et non dans l'irritation. La règle absolue est qu'avant de se parler, il faut attendre d'avoir retrouvé le calme. Il est essentiel de ne jamais s'expliquer dans le feu de la dispute.

« Prendre la fleur en main, cela veut dire appeler au secours la nature fraîche et solide du Bouddha. Cela n'autorise pas pour autant à dire des choses blessantes. Si cela arrive, celui qui se sent agressé peut toujours dire : "J'aimerais arrêter." Il faudra attendre encore. »

IV

Revenons un instant sur la cérémonie d'ordination. Parmi les Vietnamiens et les Vietnamiennes, plutôt petits, il y avait, au second rang, une Occidentale, une jeune fille solide qui les dépassait d'une tête. Ses parents étaient assis aussi près d'elle que possible et son père n'arrêtait pas de prendre des photos, comme s'il était en train de réaliser un reportage.

Cette jeune fille est Allemande. Elle s'appelle Martina, elle a vingt-neuf ans et son histoire est exemplaire. Elle vit au Village des Pruniers depuis un an et demi. Fille unique, elle reconnaît qu'elle a eu une enfance privilégiée, que ses parents lui ont laissé beaucoup de liberté et qu'ils lui ont donné tout ce qu'elle désirait, ce qui ne l'empêchait pas d'être une enfant difficile.

Difficile parce qu'elle souffrait sans très bien comprendre pourquoi. Elle ne manquait de rien, elle avait une belle maison, elle vivait dans l'aisance mais il y avait en elle un vide qu'elle ne savait comment combler. « Je voulais être parfaite, dit-elle, je n'étais jamais satisfaite. J'avais toujours besoin de regarder plus profondément. A dix-neuf ans, j'ai eu l'impression d'être tombée dans un trou. »

Que faire lorsqu'on est habité par une telle exigence, qu'on est Allemande et protestante ? Elle décide d'étudier la théologie. Elle se passionne mais, en même temps, elle a le sentiment que ce qu'elle apprend est trop intellectuel, qu'elle a surtout besoin non pas de penser mais de pratiquer. Elle s'acharne pourtant, elle passe ses diplômes, elle est sur le point de devenir pasteur. Encore quelques semaines et on va lui désigner la paroisse dans laquelle elle devra exercer son ministère.

Tout de même, avant de s'engager, elle éprouve le besoin de faire un voyage intérieur, de vivre et de pratiquer en profondeur. Elle visite des monastères, fait des retraites. En Suisse, elle voit un jour un film sur Thich Nhat Hanh et le Village des Pruniers. Elle se dit que ce serait peut-être le lieu calme pour s'adonner à la contemplation avant d'entrer dans la vie active. Sans plus hésiter, elle enfourche sa grosse moto et elle arrive aux Pruniers pour un séjour de trois semaines.

Rentrée chez elle, elle n'arrête pas, malgré qu'elle en ait, à se poser toujours la même question : « Que se passerait-il si je restais aux Pruniers plus longtemps ? » Elle finit par se rendre compte qu'elle peut le faire, qu'elle est libre, qu'elle a terminé ses études et qu'elle n'a pas encore de paroisse. Un beau jour, au bout de quatre semaines de questionnements, elle quitte son appartement, vend sa moto et revient aux Pruniers pour y rester.

Elle a vingt-huit ans et elle a le sentiment d'avoir découvert un lieu unique au monde, le lieu où elle doit vivre. Elle s'y sent chez elle, elle y est à l'aise, elle se donne à la pratique et s'imprègne de l'enseignement de Thich Nhat Hanh. Pourtant, elle ne se sent pas bouddhiste et elle n'a pas l'intention de le devenir. Laissons-la s'expliquer :

« Avant de demander mon ordination, j'ai pris les cinq entraînements à la Pleine Conscience. A ce moment-là, paradoxalement, j'ai réalisé que je ne serais jamais bouddhiste. Passer d'une religion à l'autre, cela n'a aucun sens. J'ai compris que mes racines étaient chrétiennes et que je devais travailler ici dans le but de les approfondir encore. Quand je parle avec des bouddhistes, je parle un langage bouddhiste mais quand je suis avec des gens venus de l'extérieur, je suis heureuse de leur parler dans un langage qu'ils comprennent, la plupart du temps dans un langage chrétien. Ce qui m'attire ici et que je n'ai pas trouvé ailleurs, c'est la recherche de la profondeur. La Terre Pure, le Nirvâna, le Royaume de Dieu, la conscience, la Sangha, le Saint Esprit… ce sont des mots différents qui recouvrent une même réalité.

« Dans la théologie chrétienne telle que je l'ai étudiée, on me disait que ce qui nous différenciait des autres religions est le fait que Jésus Christ est le Fils *unique* de Dieu. C'était une façon trop dogmatique d'apprendre le christianisme et je ne pouvais pas l'accepter. Les dogmes sont nés dans l'Eglise, ce qui veut dire qu'ils ne sont pas vraiment importants à mes yeux. L'important, quelle que soit la religion, c'est de faire l'expérience de la proximité de Dieu, de vivre de telle façon qu'on puisse vivre cette expérience. Cela est réellement merveilleux. Bouddhistes, chrétiens, hindouistes, musulmans, je crois que nous sommes tous et toutes fils et filles de Dieu. Alors, dans ces conditions, je ne peux pas prendre au sérieux les gens qui me disent : "Si tu ne crois pas de telle ou telle manière, tu n'es pas une enfant de Dieu mais une enfant de Satan."

« Il faut aller au-delà des mots et des formules. Cela ne me dérange pas du tout de vivre deux religions. J'ai beaucoup appris sur le christianisme et je pratique fortement le bouddhisme. Les deux vont très bien ensemble. J'apprends tellement à cause de ce balancement entre les deux. C'est une véritable école.

« Ici, tout l'accent est mis sur la pratique et c'est ce dont j'ai besoin mais je peux aussi vivre la prière chrétienne. Les idées, je peux les laisser tomber.

« J'ai entendu un jour Thây dire à une moniale vietnamienne qui venait des Etats-Unis : "Venant du Viêt-nam et des Etats-Unis, vous pouvez être un pont entre les deux." J'espère que, plus tard, je pourrai moi aussi être un pont entre le bouddhisme et le christianisme.

« Les bouddhistes ont avec le Bouddha une relation respectueuse et pleine d'amour. Les chrétiens ont tendance à adorer un Etre à l'extérieur d'eux-mêmes. Les bouddhistes ont tendance à dire qu'ils doivent d'abord aller en eux-mêmes pour ensuite trouver les autres et le monde. Les chrétiens ont tendance à trouver Dieu à travers les autres et à parvenir ainsi à leur profondeur. Ces deux démarches sont bonnes et elles arrivent au même point. Les uns et les autres peuvent être d'accord, au-delà de leurs différences, pour affirmer que Dieu est partout et que tout le reste n'est qu'une question de vocabulaire. Finalement, il n'y a que l'Expérience qui compte. »

En parlant ainsi, Martina est dans le droit fil de l'enseignement de Thich Nhat Hanh. Il n'a pas été facile pour lui, au début, d'aimer le Christ et les chrétiens. Les missionnaires catholiques n'avaient rien fait pour se faire aimer dans son pays et, pendant les pires moments de la guerre au Viêt-nam, le président Diem, qui était lui-même catholique, avait interdit par décret la célébration de Wesak, qui est la plus importante des fêtes bouddhistes.

C'est plus tard seulement que Thây a rencontré de vrais

chrétiens. Il parle avec beaucoup d'émerveillement de Thomas Merton et de Martin Luther King qu'il a bien connus et qu'il considère comme des êtres parfaitement accomplis. Il a été l'ami du Père Daniel Berrigan, un Jésuite qui a beaucoup fait parler de lui aux Etats-Unis.

Si bien qu'aujourd'hui, sur l'autel de son petit ermitage, à proximité du Village des Pruniers, il a placé des images du Bouddha et du Christ. « Chaque fois que j'allume un bâton d'encens, je me relie à eux car ils sont mes ancêtres spirituels. »

Jamais il ne demande à ses disciples de quitter leur religion d'origine pour se faire bouddhistes. Bien au contraire. Une fois que ceux-ci ont étudié et pratiqué les cinq entraînements à la Pleine Conscience et les Trois Joyaux, il les exhorte ainsi : « J'espère maintenant que vous retournerez dans votre tradition d'origine afin d'éclairer les joyaux qui y sont déjà présents. Je vous demande de les pratiquer tels qu'ils sont présentés ici ou tels qu'ils sont enseignés dans votre tradition. »

Il est intéressant de lire ce qu'il dit dans son livre *Bouddha vivant, Christ vivant* :

« Le Christ vivant est le Christ amour. Il ne génère qu'amour instant après instant. Quand l'Eglise manifeste compréhension, tolérance et bonté, Jésus est là. Les chrétiens doivent aider Jésus Christ à se manifester à travers leur façon de vivre, en montrant autour d'eux que l'amour, la compréhension et la tolérance sont possibles. Ce ne sont pas les livres et les sermons qui pourront le faire, mais notre manière d'être au monde. Dans le bouddhisme, nous disons aussi que le Bouddha vivant, celui qui enseigne l'amour et la compassion, doit transparaître dans notre façon de vivre.

« Grâce à la pratique de nombreuses générations de bouddhistes et de chrétiens, l'énergie du Bouddha et l'énergie de Jésus Christ sont arrivées jusqu'à nous. Nous pouvons toucher le Bouddha vivant et nous pouvons toucher le Christ vivant. Le fait de savoir que notre corps est la continuation du corps du Bouddha et qu'il fait partie du corps mystique du Christ nous donne une merveilleuse occasion d'aider le Bouddha et le Christ à poursuivre leur œuvre. »

Quant à l'Esprit Saint, Thich Nhat Hanh a demandé un jour à un moine florentin ce qu'il était pour lui et il a été enchanté par la réponse : « Le Saint Esprit est l'énergie envoyée par Dieu. » « Cette réponse m'a fait plaisir, a-t-il commenté, car elle confirme mon sentiment que la porte du Saint Esprit est le plus sûr moyen d'entrer en contact avec la Trinité... Pour moi, la Pleine Conscience est très semblable à l'Esprit Saint. Ce sont tous les deux des agents de guérison.

« Le Saint Esprit descendit sur Jésus sous la forme d'une colombe, il le pénétra profondément et Jésus révéla la manifestation du Saint Esprit. Jésus guérissait tout ce qu'il touchait. Avec l'Esprit Saint en lui, son pouvoir de guérison transforma de nombreuses personnes. Toutes les écoles du christianisme sont d'accord sur ce point. J'ai dit au moine que, d'après moi, nous avons tous la graine du Saint Esprit en nous, la capacité de guérir, de transformer et d'aimer. Quand nous touchons cette graine, nous sommes capables de toucher Dieu le Père et Dieu le Fils. »

Il n'est pas étonnant, dans ces conditions, que de nombreux chrétiens se sentent attirés par le Village des Pruniers. Ils y sont à l'aise car ils s'y sentent reconnus. Voilà bien pourquoi on arrive à un résultat en apparence paradoxal : dans ce monastère bouddhiste, il y a des moines et des moniales qui s'affirment ouvertement chrétiens et qui sont reconnus comme tels par la communauté.

Martina, bien sûr mais aussi sœur Elisabeth dont on nous a dit : « Puisque vous êtes intéressés par l'harmonie entre les religions, allez la voir. Vous allez découvrir une sœur qui se veut à la fois fille du Bouddha et fille du Christ. »

Sœur Elisabeth… une femme un peu frêle mais dont le regard exprime, en même temps qu'une grande douceur, une volonté sans faille.

Que sœur Elisabeth soit une passionnée de l'harmonie entre les religions, cela n'a rien de surprenant.

Elle est née au Maroc et elle n'avait que six mois lorsque son père a été nommé à Marrakech. Ses grands-parents et ses parents étaient des chrétiens très pratiquants et d'une très grande ouverture d'esprit.

« La première fois que j'ai entendu le muezzin appeler à la prière, se souvient-elle, ma mère m'a dit : "Ma chérie, tu vas voir des hommes et des femmes se diriger vers un lieu qui n'est pas une église mais ils répondent à l'appel de Dieu qui s'appelle autrement dans ce pays-ci. Souvent, tu vas voir des hommes et des femmes se prosterner sur le sol. Tu dois les respecter car c'est un acte de dévotion." Plus tard, lorsque nous traversions le quartier juif, nous rencontrions des messieurs avec des papillotes et la quipa sur la tête. Alors ma mère me disait : "Ces hommes sont des frères qui ont donné toute leur vie pour Dieu." »

« Respecter les autres croyances n'empêchait pas mes parents de rester profondément chrétiens. Ils me disaient souvent qu'en tout être et en toute chose, on pouvait découvrir une étincelle de Dieu, que Celui-ci n'était absent de rien, que tout ce que je voyais, tout ce que je touchais était un reflet du Divin.

« J'ai découvert tout cela comme une grâce et j'ai été émerveillée par le fait qu'à Mogador, nous avons vécu dans la maison où le Père de Foucauld avait habité. A six ans, j'ai fait ce qu'on appelait alors "la communion privée". J'ai vécu cela dans un grand élan d'amour. Ce sont mes parents qui nous enseignaient le catéchisme. Ils nous parlaient sans cesse de saint François d'Assise et de sainte Thérèse de Lisieux. J'ai baigné dans cette atmosphère avec beaucoup de bonheur.

« A Marrakech, nous vivions dans la ville arabe. Elle n'était pas comme aujourd'hui. On y voyait beaucoup d'êtres misérables, des aveugles, des estropiés, des petits enfants dont les yeux, couverts de mouches, ne cessaient de suppurer. J'avais le sentiment que j'avais beaucoup de chance et que je devais, comme le faisait ma mère, utiliser cette chance pour venir au secours des plus malheureux.

« J'avais un grand désir d'être religieuse mais j'ai rencontré un homme que j'ai aimé et je me suis mariée. Nous avons eu deux enfants dont l'une a eu trente ans le premier janvier de l'an 2000.

« Mon mari n'était pas du tout attiré par les manifestations extérieures de la religion, si bien que je n'ai pas pu pratiquer comme le font la plupart des chrétiens. J'allais de temps en temps à la messe mais plutôt à l'occasion des mariages, des baptêmes ou des enterrements. J'en profitais pour communier avec beaucoup d'émotion. »

Cela ne l'empêche pas d'avoir une recherche très

profonde et très exigeante. Elle ne le sait pas vraiment mais elle cherche un maître. Elle rencontre plusieurs disciples qui lui parlent du leur mais, chaque fois, elle a l'impression que ce n'est pas vraiment ça. Elle insiste, se pose des multitudes de questions jusqu'au jour où un médecin acupuncteur vietnamien lui parle de Thây avec un enthousiasme contagieux. Deux mois plus tard, à Lyon, elle a la joie d'assister à une de ses conférences.

« Je suis sortie de cet enseignement, raconte-t-elle, avec le sentiment d'une évidence et quand je suis rentrée à la maison, j'ai dit à mon mari et à nos enfants que j'avais eu le sentiment de retrouver saint François d'Assise. Je n'avais vu Thây que peu de temps et de loin mais, déjà, je savais que je n'aurais jamais d'autre maître, qu'il était le maître que j'avais toujours cherché.

« Bien entendu, je suis allée dès que possible au Village des Pruniers. C'était en 1987 et les portes commençaient tout juste à s'ouvrir. Autour de Thây, nous étions encore très peu nombreux. Dès mon premier séjour, j'ai eu le bonheur d'avoir un entretien avec lui. J'étais chrétienne et je le suis encore mais, au sein de ma religion telle qu'elle m'avait été transmise, je n'avais pas vraiment trouvé le moyen de me transformer, de ne plus me mettre en colère, de devenir enfin quelqu'un d'aimant. Thây, lui, m'a donné ces moyens.

« Dix ans après ma première rencontre avec Thich Nhat Hanh, mon mari m'a quittée après trente et un ans de mariage et quatre années de fiançailles. Bien sûr, j'ai beaucoup souffert mais, tout naturellement, malgré le temps écoulé et la vie si active que j'avais menée, je suis revenue à l'idée de me faire religieuse. Je savais qu'aucun couvent catholique n'accepterait une femme divorcée, même si elle n'était pas responsable du divorce. De toute façon, j'étais persuadée que ma place, ma vraie place était auprès de Thây. Il m'a accepté au Village des Pruniers et j'en ai été très heureuse.

« Ce que je trouve extraordinaire, ce qui me convient tout à fait, c'est que son enseignement est tout entier dans la pratique. J'étais alors kinésithérapeute et je travaillais auprès de personnes en fin de vie dans un hôpital de gériatrie de Saint-Etienne. Là, j'ai vraiment pu mettre la Pleine Conscience en action et cela a donné des résultats extraordinaires que les médecins et les infirmières qui m'entouraient ont pu constater.

« J'ai essayé de mettre la Pleine Conscience en pratique, même auprès des plus atteints. Cela voulait dire être pleinement consciente des besoins, des attentes des patients mais aussi du personnel soignant. Etre consciente de la souffrance mais aussi du bonheur qui nous entourent. Car, en réalité, en étant conscients, nous pouvons aimer et aider les personnes, même si elles sont très malades, à découvrir la beauté dans laquelle elles sont immergées. Nous faisions des méditations guidées bouleversantes.

« Par exemple, il était tout à fait possible de faire prendre conscience aux malades que s'ils avaient des draps propres dans leur lit, c'était parce que toute une chaîne d'événements y avait contribué. Une chaîne qui allait de la graine de coton sous le soleil et la pluie, à l'air, au travail de ceux qui ont fait pousser la plante, l'ont ramassée et transformée. Cela semble un peu fou mais c'est un moyen de ramener les patients au cœur de la vie, de leur faire comprendre qu'ils pouvaient être un avec ce qui les entourait, avec le personnel, les lingères, ceux qui faisaient fonctionner les machines à laver… Cela est très important car la grande souffrance de ces personnes vient de la solitude qu'elles ressentent dans leur lit de malade. Si elles se sentent reliées, elles sont aussitôt plus heureuses, elles s'ouvrent vers l'extérieur. Nous appelions cela des "méditations de non-solitude" et c'était extraordinaire car les malades, pendant la méditation au moins, en arrivaient à lâcher prise et allaient jusqu'à oublier leurs souffrances.

« Souvent, lorsque je me trouvais près d'une personne qui n'avait plus guère d'autonomie, il m'arrivait de lui prendre la main et de murmurer : "J'inspire et je suis conscient de mon inspiration, j'expire et je suis conscient de mon expiration." A partir de là, nous pouvions faire une véritable méditation guidée, voir comment on inspire l'oxygène, comment on expire le gaz carbonique. Ainsi, quand on ne peut presque plus rien faire, on reste tout de même relié au grand mouvement de la vie. A cela, chaque fois que c'était possible, je joignais le massage qui redonne vie et sensations à des parties du corps en apparence inanimées.

« Je pouvais alors attirer l'attention de cette personne dans son corps et, ensuite, je lui disais : "Est-ce que vous sentez si ma main est fraîche, si elle est tiède, si elle est chaude ?" Donc la personne quittait son intellect et entrait en contact avec des choses agréables car le massage, en général, est très agréable, il stimule les neurones, il détend. Il s'agissait de massages très doux qui réanimaient le corps et qu'on pouvait pratiquer jusqu'aux approches de la mort. Lorsque c'était possible, je dirigeais l'attention de la personne vers tout ce qu'elle avait fait de beau dans sa vie afin qu'elle puisse quitter son corps apaisée. Il m'arrivait, chaque fois que cela était possible, de chanter doucement au moment du départ. »

Il est passionnant de saisir ainsi sur le vif à quel point l'enseignement de Thich Nhat Hanh peut s'inscrire dans la vie quotidienne, dans les activités les plus diverses qui s'en trouvent éclairées et changent de signification profonde. Il n'est pas étonnant, dans ces conditions, que la vocation d'Elisabeth s'approfondisse encore. Plus le temps passe et plus l'idée de se faire religieuse prend en elle de consistance.

Un jour, enfin, elle décida de donner la juste réponse à l'appel qui lui est fait. Cela n'a pas été facile car elle se sentait chrétienne de tout son cœur et de toute son âme. A plusieurs reprises, elle a demandé conseil à des amis chrétiens. A une Visitandine de Saint-Etienne, par exemple. Elle lui a expliqué ce qu'elle vivait, a répondu à toutes ses questions et l'a entendue lui dire : « Elisabeth, c'est votre voie. C'est là qu'Il vous attend. » Un de ses amis, Frère des écoles chrétiennes, lui a fait exactement la même réponse. Et lorsqu'elle lui a dit qu'elle voulait devenir une moniale bouddhiste, Thây lui-même a bien insisté sur le fait qu'elle ne devait à aucun prix se couper de ses racines chrétiennes et qu'elle pouvait continuer, si elle en ressentait le besoin, à aller à la messe et même à y communier.

Elle raconte : « Lors de mon ordination, lorsque Thây m'a remis ma robe de moniale après m'avoir coupé une mèche de cheveux, je l'ai posée sur la tête, comme le veut le rituel, et, en même temps que mes sœurs, j'ai prononcé ces paroles : "Oh ! qu'elle est belle, cette robe de moniale ! C'est le champ de tous les mérites. Je fais le vœu de la porter, vie après vie, et d'apporter la joie à tous les êtres." Je me suis demandé : "Comment, en tant que chrétienne, puis-je prononcer ces mots ?" Et comme il n'y a pas de hasard, j'ai lu peu après un livre sur sainte Thérèse de l'Enfant Jésus. Au moment de mourir, elle a dit : "Je vais rejoindre mon Bien Aimé et je lui demanderai de ne pas entrer au paradis tant qu'un seul être souffrira sur la terre." Voilà qui est extraordinaire car c'est exactement le vœu des bodhisattvas. Donc je me suis sentie soutenue par cette petite sœur que j'aime de tout mon cœur.

« D'ailleurs je ne vois pas pourquoi un chrétien ne s'inclinerait pas devant le Bouddha. N'a-t-il pas été un homme merveilleux qui a donné toute sa vie pour soulager les êtres de la souffrance ? Aujourd'hui encore, il nous apporte son soutien mais il n'est pas Dieu et il n'a jamais prétendu l'être. Nous ne nous inclinons pas devant lui comme devant une idole mais, si nous les avons perdues, il peut nous aider à retrouver nos racines chrétiennes. Thây insiste tellement là-dessus. Je suis bien certaine que si Jésus avait rencontré le Bouddha, ils se seraient compris. Après tout, n'ont-ils pas œuvré tous les deux pour le bien de l'humanité ?

« Ce que je sais d'expérience, c'est que les techniques de Thich Nhat Hanh me permettent d'approfondir, de mieux comprendre et de mieux vivre l'enseignement de Jésus. Il m'apporte un profond silence intérieur. Avant, je priais mais c'était comme si j'essayais de communiquer avec quelqu'un dans un banquet. Il y avait du bruit, des distractions alors que, maintenant, la salle est vide et silencieuse. »

Car le bouddhisme, avant tout, est silence. Sœur Elisabeth insiste beaucoup là-dessus. Le Bouddha a toujours refusé de se laisser entraîner dans les interminables discussions qui passionnaient tellement ses contemporains. Il n'a jamais même accepté de parler de Dieu. Et chaque fois que quelqu'un a tenté de l'entraîner sur ce sujet brûlant, il a refusé de parler, se contentant d'affirmer qu'il n'y a pas plus de Dieu personnel que de soi séparé. Quant à sœur Elisabeth, bouddhiste et chrétienne, elle voit Dieu comme un océan de vie, un océan d'amour qui est partout en toute chose.

Il n'est pas courant, de nos jours, de voir une mère de famille entrer au couvent. Elle a de la chance car ses enfants ont parfaitement accepté sa décision. Ils ont fait le don de leur mère. « D'ailleurs, dit-elle, tous mes parents, tous mes amis m'ont beaucoup aidée et soutenue lors de mon choix.

« J'ai des enfants merveilleux, se réjouit-elle. Virginie et François-Régis ont une vie intérieure très profonde. » Son fils a pratiqué la méditation assise et sa fille fait preuve, dit-elle, d'une très grande maturité et d'une vision très nette des choses. Peu après la naissance de son enfant, alors que quelqu'un la félicitait d'avoir donné la vie, elle a répondu : « Oui, mais j'ai aussi donné la mort. Car tout enfant qui naît est destiné à la mort. » Elle ne disait pas cela avec tristesse ou amertume mais comme quelqu'un qui est profondément persuadé de l'impermanence de toute chose et de toute vie, cette notion d'impermanence qui est une des clés du bouddhisme.

Aux côtés de son frère, elle a tenu à assister à l'ordination de leur mère et cela a été une fête superbe. L'année qui a suivi son ordination, Elisabeth a eu la permission d'aller voir ses enfants et ils ont communié ensemble.

Car pour elle, le christianisme et le bouddhisme sont deux chemins qui, l'un et l'autre, conduisent à cette grande merveille qu'est la transformation.

« Pour moi, affirme-t-elle, Bouddha est Bouddha, Jésus est Jésus. Je ne les sépare pas. Ils sont comme deux êtres qui me tiennent par la main pour m'aider à avancer sur mon chemin. Des amis chrétiens me disent souvent qu'en affirmant cela, je ne tiens pas compte du fait que, pour l'Eglise catholique, le Christ est le Fils *unique* de Dieu. Cela ne me gêne pas car, pour moi, Jésus est vraiment le Fils de Dieu. C'est clair. Mais Bouddha n'a jamais dit qu'il l'était et je les aime tous les deux. J'ai trouvé la Terre Pure où tous les êtres font de leur mieux pour apporter la beauté, la bonté et la joie sur la Terre. Aux côtés de Thây et de la Sangha, je marche aussi dans les pas de Jésus. » En disant cela, sœur Elisabeth est dans la droite ligne de l'enseignement de Thich Nhat Hanh, lui qui a écrit un livre intitulé *Bouddha et Jésus* et qui, dans *Changer l'avenir*, a écrit :

« Les cinq entraînements à la Pleine Conscience et les Trois Joyaux ont leurs équivalents dans toutes les traditions spirituelles. Ils viennent de très loin en nous et le fait de les pratiquer nous aide à nous enraciner davantage dans notre propre religion. Après avoir étudié les cinq entraînements à la Pleine Conscience et les Trois Joyaux, j'espère que vous retournerez dans votre tradition d'origine afin d'éclairer les joyaux qui y sont déjà présents. Les cinq entraînements à la Pleine Conscience sont les remèdes qu'il nous faut pour notre époque. Je vous exhorte à les pratiquer tels qu'ils sont présentés ici ou tels qu'ils sont enseignés dans votre tradition. »

Cette ouverture d'esprit, cette tolérance absolue, ce désir de voir régner l'harmonie entre les traditions religieuses jouent un grand rôle pour créer l'atmosphère de paix qui frappe le visiteur dès son arrivée au Village des Pruniers. Ici, on peut venir de tous les horizons sans crainte d'avoir à renier sa tradition d'origine. On peut venir même si on n'a pas de tradition du tout. Cette liberté est une libération.

Un dernier témoignage sur ce sujet si essentiel, celui de Do-ji, un Français qui est moine bouddhiste depuis quinze ans, un homme au sourire dynamique et contagieux.

Il est né en Algérie dans la ville de Tlemcen qui est une ville sainte pour les musulmans et les juifs. « J'ai, dit-il, trois racines importantes et la vie m'a conduit à arroser ces racines. Il y a ma racine chrétienne, ma religion d'origine, la terre musulmane où je suis né et le bouddhisme qui a transformé ma vie, qui m'a même permis, justement, d'entrer en contact avec mes racines profondes. Quand on entre dans la profondeur, toutes ces traditions se rejoignent et la vie devient extraordinaire. »

D'où vient cette ferveur qui l'habite ? Il est persuadé qu'elle lui a été transmise par une sœur de son grand-père, une personne qu'il n'a connue que très âgée et qui habitait, en Bourgogne, la maison d'origine de sa famille paternelle. Elle était considérée comme une sainte dans le village et on disait que sa maison était la maison du Bon Dieu, un lieu où les pauvres pouvaient toujours trouver un repas. Elle est morte quand il avait sept ans mais un Père cistercien lui a expliqué qu'il y avait souvent des cas de « transmission du cœur ».

« Pour moi, dit-il, je dirais que mon point de départ sur le chemin du retour, c'est lorsque j'ai commencé à être à l'écoute de la voix profonde qui est en moi. Car il arrive un jour où on ne veut plus faire comme la société, comme les gens qui nous entourent. Tout d'un coup, on se dit : "Tiens ! Voilà ma voie !" C'est là où tout commence. J'ai longtemps cru que le chemin spirituel avait commencé pour moi lorsque je suis devenu moine mais ce n'est pas vrai. C'était bien avant. »

Do-ji le reconnaît aujourd'hui, il lui a fallu un très long parcours pour découvrir ce qu'était vraiment la spiritualité. Pour lui, cela s'est passé à travers la découverte du corps car il a commencé une carrière de danseur professionnel. Tout de suite, il a été passionné par les arts du mouvement. « C'était ma recherche, dit-il, le corps, le mouvement plus encore que la danse en elle-même. J'ai compris alors que la danse est un art sacré. Chose extraordinaire et mystérieuse, j'ai trouvé un jour l'origine du mouvement dans mon corps, le point d'où tout part. (Il s'agit du *hara*, un point situé deux centimètres environ au-dessous du nombril.) Ce jour-là ou quelque temps après, une amie m'a vivement recommandé de fréquenter un centre zen. Elle m'a dit : "C'est un endroit pour toi." Je n'ai rien voulu savoir mais elle a tellement insisté que, finalement, j'ai suivi son conseil. J'ai eu la chance de trouver des maîtres extraordinaires qui ont toujours beaucoup insisté sur l'impermanence. Toujours. Cela m'a marqué et c'était pourtant bien avant ma rencontre avec le bouddhisme. »

L'impermanence, encore une fois ce mot clé du bouddhisme, c'est auprès d'un maître de danse qu'il va en découvrir la profondeur. « Lorsque vous découvrez les arts du mouvement, explique-t-il, vous le faites à travers des exercices de développement, des enchaînements qui sont souvent difficiles à prendre. La grande originalité de ce maître était que, dès que vous commenciez à connaître un mouvement, il fallait tout de suite passer à autre chose. Notre tendance naturelle aurait été de perfectionner ce mouvement encore et encore mais non, le maître nous apprenait tout de suite autre chose ou il décomposait ce que nous avions appris pour le transformer. C'était cela le cœur de l'enseignement : l'esprit devait constamment s'adapter. Voilà pourquoi, lorsque j'ai rencontré le bouddhisme, j'ai très vite saisi ce qu'était l'impermanence. »

En fait, lorsqu'il rencontre le bouddhisme, il se passionne à un point tel qu'il part très vite pour le Japon. Là-bas, il se fait moine et il reste neuf ans auprès de son maître avant de revenir en France pour rendre visite à sa famille. Il est arrivé depuis peu lorsqu'une religieuse de la même famille spirituelle lui téléphone et lui dit : « Je suis au Village des Pruniers auprès d'un maître extraordinaire. Tu devrais venir. » Il commence par protester : « J'arrive d'un monastère japonais où je suis resté neuf années. J'ai un mois de vacances et tu veux que j'aille en passer une partie dans un monastère français ! » Mais son amie insiste tellement qu'il finit par dire oui.

« En arrivant ici, se souvient-il, cela a été immédiat. Quand j'ai rencontré Thây, j'ai tout de suite compris. J'avais rencontré beaucoup de maîtres zen en neuf ans, assisté à beaucoup d'enseignements et de cérémonies et j'ai senti qu'il y avait là un maître d'une très grande envergure, un être très profond, très simple et qui, chose merveilleuse, parlait parfaitement le français. Ce maître avait déjà fait le travail que je me proposais de faire. Il savait comment marcher, comment manger, comment parler, comment pratiquer d'une façon juste tous les actes de la vie quotidienne. »

Emerveillé, il retourne au Japon pour demander à son maître la permission de rester auprès de Thây et de prononcer ses vœux complets.

Il rit. Il a d'ailleurs beaucoup ri au cours de notre entretien et, plus tard, lorsqu'il nous arrivait de le rencontrer, il riait encore. Il donne l'image d'un moine heureux, d'un bouddhiste accompli. Ce qui ne l'empêche pas de se sentir plus chrétien qu'il ne l'était auparavant car, il l'avoue, avant de rencontrer le bouddhisme, il avait perdu l'Eglise de vue. Maintenant, il s'en rapproche.

La Bible lui semblait un livre hermétique, violent, difficile à comprendre et, en fin de compte, assez peu intéressant. Par la suite, avec la permission de Thich Nhat Hanh, il a commencé à fréquenter le monastère orthodoxe voisin de Sainte-Croix. Il a pu inviter le Père Philippe, l'abbé de ce monastère, à parler au Village des Pruniers dans le cadre du dialogue intermonastique.

« Son enseignement, dit-il, a beaucoup marqué notre communauté. Vous savez, les Vietnamiens avaient une idée un peu limitée du christianisme et cela s'explique par les événements qui ont ensanglanté leur pays. Le Sud avait un gouvernement catholique qui opprimait sévèrement les bouddhistes. Du coup, avec cette rencontre et celles qui ont suivi, cette perspective a été bouleversée chez les Vietnamiens qui vivent ici comme chez moi-même. Comme eux, j'ai découvert la Bible, notamment à travers l'enseignement d'Annick de Souzenelle. »

Et comme Do-ji ne fait rien à moitié, la Bible, il l'étudie en hébreu. Ce disciple du Bouddha se passionne pour la Genèse en laquelle il voit l'histoire de son propre esprit ici et maintenant. Thich Nhat Hanh l'encourage dans cette recherche, lui qui ne cesse, nous l'avons vu, de répéter à ses disciples d'origine chrétienne : « Vous avez des trésors dans votre tradition d'origine. »

« Cette phrase-là, dit Do-ji en guise de conclusion, je la vis maintenant et je suis infiniment reconnaissant à Thây pour cette ouverture extraordinaire. »

V

Ils sont une centaine qui avancent à pas comptés sur le petit sentier dans la fraîcheur matinale. Etrange procession silencieuse qui s'étire paresseusement derrière Thich Nhat Hanh. Le visage serein, celui-ci donne le sentiment de savourer chaque pas, de poser le pied avec recueillement sur le sol élastique. Quelqu'un nous dira plus tard : « Il marche comme un prince ! » et il est vrai qu'il donne une impression de souveraine liberté.

En voyant passer ce cortège sur les chemins et les petites routes aux environs des trois monastères, les paysans se sont longtemps demandé ce qui se passait. Il s'agit en fait de l'une des activités les plus importantes parmi celles qui sont pratiquées au Village des Pruniers : la marche méditative ou méditation marchée. Une activité aussi importante, Thây ne cesse de le répéter, que la méditation assise.

Ce matin-là, nous étions à Loubès-Bernac, là où se trouve le monastère de femmes dont sœur Gina est l'abbesse. Les moines et les moniales des deux autres monastères étaient venus en minibus pour participer à l'exercice. Visages concentrés, mouvements retenus, ils avançaient en rythmant leur marche sur leur respiration, chacun selon son propre rythme. Il y a toujours une pose au cours de ces marches et, cette fois-ci, elle a eu lieu au bord d'un ruisseau si tranquille que c'est tout juste si on l'entendait gazouiller. Puis la marche a repris.

L'important est d'être là, totalement présent au fait de marcher, tellement présent que s'arrête enfin l'agitation intérieure à laquelle nous sommes presque toujours soumis. Alors, il devient possible de goûter l'instant.

Ce même jour, lors de l'enseignement quotidien qu'il donne pendant la retraite francophone, Thây explique :

« Quand vous marchez, vous marchez vraiment. Vous devez vous investir à cent pour cent dans la marche. Chaque jour, dans la vie quotidienne, vous devez marcher pour aller d'un point à un autre. Pourquoi ne feriez-vous pas de cette marche une méditation ? Observez les moines et les moniales du Village des Pruniers. Même en dehors des marches méditatives, lors de leurs activités habituelles, ils marchent vraiment, ils ne parlent pas. Car en réalité, quand vous parlez, vous ne pouvez pas marcher. Ou plutôt vous pouvez marcher comme une machine mais non comme un méditant. Une seule chose à la fois.

« Quand vous voulez dire quelque chose à une autre

personne, vous vous arrêtez et alors, vous êtes à cent pour cent dans ce que j'appelle votre méditation parlée.

« Et après avoir exprimé ce que vous avez sur le cœur, vous recommencez à marcher. Chaque chose en son temps, la marche ou la parole, il faut choisir. On ne peut pas faire les deux en même temps.

« Rentrés chez vous, vous pouvez vivre cela dans la vie quotidienne. Quand vous marchez de chez vous à la station d'autobus, vous pouvez pratiquer la marche méditative. Même si l'atmosphère autour de vous est agitée, vous pouvez marcher au rythme de votre respiration et, pendant cette marche, vous pouvez vivre la paix, l'harmonie, le sourire, le bonheur. C'est cela vivre profondément chaque moment de votre vie quotidienne. Ce sont des choses possibles.

« Au Village des Pruniers, chacun de nous a signé un accord avec son escalier. Quand vous montez votre escalier, vous pouvez pratiquer la marche méditative et la respiration consciente, monter ou descendre de telle sorte que chaque marche vous procure la joie, la solidité et la paix. Si vous réalisez que vous avez gravi une ou plusieurs marches dans l'oubli, alors vous pouvez resdescendre et recommencer. J'ai signé un accord comme cela avec mon escalier, je l'ai fait pendant plus de vingt ans et cela m'a donné beaucoup de joie.

« Quand je grimpe une montagne, quand je monte dans un avion, j'utilise la même méthode. Partout où je vais, je pratique la marche méditative. Pourquoi n'essaieriez-vous pas ? Vous aussi, vous pouvez signer un accord avec votre escalier. Vous verrez : au bout de quelques semaines, vous aurez réalisé de vrais progrès. Vous deviendrez capables de vous réjouir à chaque marche. Cela aussi est une chose possible. »

« C'est une chose possible ! » Cette petite phrase revient sans cesse dans l'enseignement de Thich Nhat Hanh et pour ceux qui le suivent depuis déjà quelque temps, elle est un merveilleux encouragement. Il y a tellement d'enseignements qui proposent des buts lointains. Ici, on peut commencer dès maintenant et commencer par des gestes simples. Et si on retombe dans l'oubli, on peut recommencer et recommencer encore sans pour autant tomber dans la culpabilité.

C'est ainsi qu'on peut cultiver en soi chaque jour un petit peu plus de conscience. Et c'est accessible à tous. Non pas dans un futur éloigné mais « ici et maintenant ».

Il en va de même pour tous les gestes de la vie quotidienne.

Pour les repas, par exemple.

Dans les salles à manger du Village des Pruniers, chaque geste devient une cérémonie silencieuse. Assiette, bol et couverts en main, on doit d'abord défiler devant des tréteaux sur lesquels ont été placés les plats, céréales diverses, légumes, parfois un œuf, souvent un dessert, une nourriture toujours saine, agréable et bien préparée. Il faut attendre son tour et, souvent, au moins lors des retraites ouvertes vers l'extérieur, il faut attendre longtemps. Mais qu'importe ! Cette attente est une excellente occasion de pratiquer, d'être là, sans impatience, dans le recueillement. Les visages sont sereins, les gestes mesurés. On avance lentement et lorsqu'on est servi, on va s'asseoir à une table, celle qui est en train de se remplir. On pose l'assiette à sa place et on s'incline devant elle. Ce geste n'est pas une simple formalité mais une façon de se souvenir que cette nourriture porte en elle toutes les richesses, toutes les merveilles du cosmos. On peut penser à tout ce qu'il a fallu de temps et d'efforts pour que cette nourriture ait pu enfin arriver dans cette assiette. Penser à la préparation de la terre, aux semailles, au long mûrissement des céréales et des légumes, à la terre, au soleil et à la pluie, à la peine des hommes sous différents climats. Oui, c'est tout le cosmos qui se trouve ici et on ne peut pas ne pas éprouver un sentiment de gratitude pour cette nourriture si simple.

Il faut attendre encore car, à l'exception des jours où on est vraiment trop nombreux, on ne commence à manger que lorsque tout le monde est servi et assis. Il faut mâcher longuement, ce qui permet à la fois de mieux digérer et de vivre un moment de paix. C'est toujours la même chose et c'est cela le zen : lorsqu'on mange, on mange et on ne fait rien d'autre.

Il faut tout de même tenir compte de la faiblesse humaine et parfois, pas toujours, vers la fin du repas, au signal donné par le gong, on peut échanger quelques mots avec ses voisins à condition que ce soit sans agitation et sans élever le ton. Ces repas sont vraiment des méditations et, finalement, une fois passée la surprise, on se rend compte que c'est un grand bonheur que de manger ainsi. Un bonheur aussi de faire la vaisselle car chacun lave son couvert. Là encore il faut faire la queue, plonger les couverts dans quatre bassines successives, les essuyer et aller les remettre à leur place.

C'est ainsi que toute la journée devient méditation. On parle même ici de la « méditation du travail ». Car tout le monde travaille. Il y a sur un mur de la salle à manger un grand tableau sur lequel est indiqué pour chacun ce qu'il aura à faire pendant la journée : cuisine, vaisselle des gros plats, ménage, entretien du jardin et des abords… Le travail ne manque jamais et il doit s'accomplir en silence et sans agitation. Le premier jour, ce n'est pas si facile tant nos habitudes sont fortes, ce besoin d'aller vite, de s'acquitter le plus vite possible de ce qu'il y a à faire. Le plus vite possible, mais pourquoi ? L'important n'est-il pas d'être conscient de ce qu'on fait ? La conscience, tel est le mot clé et Thây n'hésite pas à le répéter dans son enseignement : conscience, conscience, conscience…

Ecoutons-le car il s'agit là de paroles qui sauvent :

« La méditation est une chose qu'on peut proposer à n'importe quel moment de la vie quotidienne… Quand vous arrosez les plantes de votre jardin, vous pouvez très bien suivre votre respiration, vous pouvez très bien générer votre Pleine Conscience et devenir vraiment présents, voir les choses avec profondeur. Vous pouvez regarder les plantes et parler avec elles. C'est déjà la méditation. Même quand vous conduisez votre voiture, vous pouvez faire de la méditation… Cela vous apportera la paix.

« Qu'est-ce que la paix ? L'absence de conflits, de violence, la présence de l'harmonie et du bien-être. La paix se cultive car nous avons en nous, dans notre corps et notre esprit, des semences de paix. Il faut d'abord reconnaître cette graine en nous, la toucher à chaque instant, l'aider à se manifester. »

Plus l'enseignement se déroule, plus la retraite s'avance et mieux nous comprenons à quel point, jusqu'ici, notre vie a été faite de violence. Une violence dont nous ne prenons pas conscience car elle est de tous les jours et de tous les instants. Ne serait-ce que la violence que nous faisons à notre corps en le bousculant sans cesse, en le survolant, en lui faisant absorber des produits qui ne sont pas bons pour lui. Alors que ce vieil ami qu'est notre corps, nous devrions le traiter avec douceur.

« Vous avez négligé votre corps, reprend Thây, vous l'avez fait souffrir, vous avez mangé, vous avez bu, vous avez fumé… Oui, vous l'avez fait tellement souffrir et le moment est venu de vous réconcilier avec lui. Cela, vous pouvez le faire en utilisant la respiration consciente : J'inspire, je suis conscient de mon corps ; j'expire, je souris à mon corps. »

Sans cesse, il est bon de revenir au soutra du Bouddha sur la Pleine Conscience car il faut bien insister là-dessus : l'enseignement de Thich Nhat Hanh n'est pas son enseignement à lui. Lui-même, il n'est pas un de ces gourous qui créent leur méthode personnelle à partir de leur expérience, de leur façon de voir et de comprendre. Il est directement branché sur l'enseignement du Bouddha. C'est du bouddhisme à l'état pur. C'est le Bouddha lui-même qui a mis au point la méthode de respiration qui permet de générer la Pleine Conscience. C'était il y a 2 600 ans et Thich Nhat Hanh, comme beaucoup de ceux qui l'ont précédé, ne fait qu'adapter cet enseignement à l'époque où nous vivons.

Donc le Bouddha propose de respirer ainsi :

« A la première respiration, vous pratiquez : en inspirant longuement, je sais que j'inspire longuement. En expirant longuement, je sais que j'inspire longuement.

« A la deuxième respiration, vous pratiquez : en inspirant brièvement, je sais que j'inspire brièvement. En expirant brièvement, je sais que j'expire brièvement.

« Ces deux respirations vous permettent de couper court à la distraction et aux pensées inutiles, en même temps qu'elles font surgir la Pleine Conscience en vous mettant en contact avec la vie dans le moment présent. La distraction est l'absence de Pleine Conscience. Respirer en Pleine Conscience vous permet de revenir à vous-même et à la vie. »

Suivent quatorze autres respirations qui nous donnent la possibilité d'être conscients de notre corps, de calmer ce corps, de se sentir joyeux, heureux, d'être conscients de nos fautes mentales, de calmer les activités en soi, de devenir conscients de notre esprit, de rendre cet esprit heureux, de le concentrer, de le libérer, d'observer la nature impermanente de tous les dharmas, d'observer la disparition du désir, l'extinction des désirs, le lâcher-prise. Et ce long exercice se termine ainsi : « Une fois parvenu au lâcher-prise et à la libération, vous pouvez vivre dans la paix et la joie. Plus rien ne peut vous entraver. »

Avant tout, il faut comprendre et insister sur le fait qu'il ne s'agit pas seulement de respiration mais de respiration consciente. C'est une grande libération. Il n'y a rien là de compliqué, pas de grandes théories, pas d'apprentissage à n'en plus finir, pas d'ascèse difficile. Le seul secret est, répétons-le, de respirer consciemment. Et si une pensée apparaît pendant cette respiration, il suffit de la laisser passer sans lui faire violence et de revenir. Cela autant de fois qu'il le faut.

Thich Nhat Hanh insiste volontiers sur le fait que la respiration consciente est comme un rayon laser. On peut la diriger à son gré vers différentes parties du corps. Vers les yeux, par exemple : « J'inspire et je prends conscience de mes yeux ; j'expire et je souris à mes yeux. » C'est en plus une occasion de s'émerveiller. Nous considérons trop souvent nos yeux comme s'il s'agissait de la plus banale des choses alors que ce sont des merveilles et que nous devrions leur être reconnaissants pour les services qu'ils nous rendent et les joies qu'ils nous donnent. Nous pouvons, par la même occasion, leur demander pardon pour les souffrances que nous leur infligeons lorsque nous les faisons trop travailler, lorsque nous les utilisons dans de mauvaises conditions.

Nous pouvons faire la même chose pour chacun de nos organes. Thây insiste beaucoup sur le cerveau :

« Vous avez trop fait travailler votre cerveau. Vous l'avez

forcé à travailler nuit et jour et même pendant vos moments de repos. La pensée, l'imagination, les concepts, la perception… Nous ne connaissons pas les méthodes pour donner à notre cerveau une chance de se reposer. Nous continuons à penser, à réfléchir et les pensées, la réflexion ne sont pas toujours utiles. Nous pensons à des choses qui nous donnent du désespoir, de la haine, de la dépression et pourtant, nous continuons à penser, à réfléchir. C'est comme un poste de télévision qui reste longtemps allumé. Il chauffe. Votre tête aussi devient chaude si vous continuez à penser, à réfléchir comme cela. Alors il va vous être difficile de vous endormir. Quand vous ne pouvez pas dormir, vous paniquez et vous allez chez un docteur pour lui demander des pilules. Vous forcez votre cerveau, vous forcez votre corps ; vous dormez mais vous continuez à penser, à réfléchir, à avoir des rêves pas agréables du tout car, dans les rêves, vous continuez à souffrir. Il n'y a pas de repos du tout. Vous devez apprendre à vous reposer. Car vous devez être gentils avec votre cerveau. »

Etre gentil avec son corps… Voilà une expression qui revient souvent au Village des Pruniers. Une expression insolite et qui nous amène à une prise de conscience inattendue. Il est vrai que dans les mille et mille actes de la vie quotidienne, il nous arrive souvent de ne pas être gentils avec notre corps. Nous ne cessons de le brusquer, de le forcer, de lui imposer des tâches et des rythmes qui ne lui conviennent pas, nous le faisons souffrir et, ce qui est plus grave que tout, nous en arrivons à perdre conscience de son existence. Nous ne sommes même pas conscients des bonheurs qu'il nous donne. Bien sûr il nous fait souffrir après avoir été longtemps maltraité. Lorsque cela arrive, nous prenons conscience de notre corps. Alors que nous devrions en être conscients même lorsque tout va bien.

Respirer en Pleine Conscience, c'est être conscient de notre corps tout entier.

Thây atteint les sommets de l'enthousiasme lorsqu'il parle ainsi de la respiration consciente. Nous sommes là au cœur même de son enseignement et une grande émotion joyeuse s'est emparée des retraitants lorsqu'ils l'ont entendu leur dire :

« Quand on pratique la respiration consciente, on se concentre sur la respiration seulement. On arrête tout. Pendant la respiration, notre attention se porte seulement sur l'inspiration et l'expiration. Ce n'est pas une pensée. J'inspire et je sais que c'est une inspiration. J'expire et je sais que c'est une expiration. Il est possible de se réjouir aussi bien dans l'inspiration que dans l'expiration car pouvoir respirer est une merveille. C'est un miracle. Cela prouve que vous êtes encore vivants. Quand une personne est morte, elle ne peut plus respirer. Alors, respirez et devenez conscients que vous êtes encore vivants.

« J'inspire et je sais que je suis vivant ; j'expire et je souris à la vie. Cela donne beaucoup de joie, de bonheur. Chaque minute qui nous est donnée à vivre est un grand cadeau de l'univers tout entier... Vous ne pensez pas, vous ne réfléchissez pas, vous êtes dans l'inspiration et la joie peut jaillir. J'inspire et je sais que mon inspiration est devenue plus calme ; j'expire et je sais que mon expiration est devenue plus calme. Avec cette pratique, la qualité de la respiration devient meilleure et pénètre ainsi dans votre corps et dans votre esprit. »

Peut-il exister un enseignement plus simple ? Et pourtant... Nous respirons depuis notre naissance, c'est-à-dire que nous avons déjà respiré des centaines et des centaines de milliers de fois. Toujours inconsciemment. Nous ne savons même pas que nous respirons, nous n'y pensons jamais. Et voici qu'un chemin spirituel s'ouvre : il suffit de respirer consciemment, de savoir que nous respirons pour que le calme s'installe en nous et que jaillisse la joie. Ce ne sont pas des idées mais des faits d'expérience.

Pendant la guerre du Viêt-nam, sœur Chân Không a vécu des moments difficiles, souvent épouvantables. Dans son livre *La Force de l'amour*, elle raconte que lorsqu'elle recevait de mauvaises nouvelles – et cela lui arrivait souvent

– elle était d'abord, comme tout le monde dans ce cas-là, submergée par le désespoir. Alors, au lieu de laisser travailler son cerveau, de se poser des questions angoissantes, elle se mettait à marcher, à petits pas, en observant sa respiration. Il lui fallait du temps, parfois, lorsque la nouvelle était vraiment très mauvaise, mais toujours, au bout d'un temps plus ou moins long, elle sentait le calme revenir en elle. « J'inspire et je sais que j'inspire ; j'expire et je sens le calme revenir en moi. » Alors et alors seulement, elle prenait la décision qui s'imposait d'elle-même comme la seule décision juste, jaillie de sa profondeur. Dans la vie quotidienne, une telle discipline nous semble difficile et nous avons même souvent le sentiment qu'elle est impossible mais avec un peu de persévérance, cela marche toujours. Finalement, l'harmonie s'installe, le corps et l'esprit se retrouvent apaisés. Cela grâce à la pratique de la respiration consciente.

Pourquoi l'harmonie se manifeste-t-elle ainsi ? Parce que le corps et l'esprit ne font qu'un et que là est le grand secret.

Thich Nhat Hanh ne cesse de l'affirmer : notre corps et notre esprit ont avant tout besoin de repos. A notre époque, la plupart de nos contemporains vivent dans une pression extrême. Ils s'agitent, courent dans tous les sens, réagissent violemment aux agressions de l'existence, se laissent envahir par la peur et l'angoisse… Telle semble être la condition humaine, au moins de nos jours et tout est fait pour que cela devienne encore pire. Il faut briser cette fatalité, donner à notre corps et à notre esprit le droit au repos. Voilà pourquoi la respiration consciente, telle qu'elle est pratiquée au Village des Pruniers, est aussi une méthode de guérison.

Vous ne vous sentez pas bien, vous avez un malaise, vite vous vous précipitez sur votre armoire à pharmacie et, si cela continue un peu, chez votre médecin. Vous vous affolez, vous pensez tout de suite au pire, vous vous bourrez de médicaments, de neuroleptiques… Vous oubliez l'essentiel, c'est-à-dire que la nature est bien faite, que votre corps a la capacité de guérir et qu'il faut lui laisser cette chance. Si vous respirez en Pleine Conscience, si vous vous donnez un peu de temps, si vous laissez reposer votre corps et votre esprit, alors tout peut s'arranger. Dans la plupart des cas, se précipiter sur les médicaments, c'est infliger une violence à notre corps, une violence qui, finalement, l'empêche de guérir d'une manière naturelle. Il faut, bien sûr, faire appel à la médecine lorsque c'est absolument nécessaire mais il faut d'abord, chaque fois que cela est possible, laisser au corps et à l'esprit la possibilité de se guérir eux-mêmes et c'est bien ce qui arrive dans la plupart des cas.

Chaque fois que vous avez cinq ou dix minutes disponibles, conseille Thây, vous pouvez les utiliser pour faire une relaxation totale ou pratiquer la respiration consciente. Même dans la position assise, même dans votre bureau. Votre travail n'en sera que plus efficace. Mais il faut pour cela « résister au courant de la vie et savoir se protéger de la fatigue ».

Il en va de même pour les vacances. La plupart des hommes d'aujourd'hui, au moins dans les pays occidentaux, peuvent prendre trois semaines ou un mois de vacances. Ils font des milliers de kilomètres sur des routes encombrées, ils multiplient les activités, si bien que, souvent, ils reviennent plus fatigués qu'ils ne sont partis. Ils reviendraient beaucoup mieux dans leur peau s'ils profitaient de leurs vacances pour pratiquer la respiration consciente, la marche méditative et la méditation assise.

Encore faut-il savoir respirer et d'abord ne pas intervenir, laisser la respiration telle qu'elle est, sans vouloir lui imposer un autre rythme. Si elle est courte, qu'elle reste courte ; si elle est longue, qu'elle reste longue. Il suffit de prendre conscience du fait qu'elle est là, en train de se dérouler, qu'elle est un sourire, qu'elle nous apporte le calme et la paix en même temps que l'oxygène qui régénère nos cellules.

Oui, c'est vraiment un miracle de chaque instant. Nous allons ainsi, depuis notre naissance, de miracle en miracle. Il est temps de commencer à en prendre conscience.

Cela nous amène à la méditation qui est, bien entendu, l'activité essentielle au Village des Pruniers. Une méditation tout à fait spéciale qui a pour support le regard profond. Nous en avons déjà parlé mais il est temps d'aller un peu plus profond. On peut méditer sur tout, ou plutôt à partir de tout. Sur une fleur, un nuage, un sourire d'enfant, une feuille ou même un caillou. Il suffit de voir tout cela avec ce fameux regard profond dont Thich Nhat Hanh nous parle sans cesse.

Regardons une rose, par exemple. La voici devant nos yeux, fraîche et toute belle. Nous aimons sa couleur, nous respirons son arôme et nous pensons qu'elle vient tout juste d'éclore et que, dans quelques jours, elle sera flétrie. En réalité, elle a toujours existé et elle ne cessera jamais d'être. Elle existait dans la graine du rosier dont elle est issue et de tous les autres de sa lignée. Et elle s'est manifestée lorsque toutes les conditions ont été réunies pour qu'elle se manifeste.

Il en va de même lorsqu'elle se flétrit. Ecoutons Thây raconter ce qui se passe alors :

« Quand la fleur tombe, elle sait qu'elle va se renouveler. Elle va se décomposer pour devenir de la terre en attendant une nouvelle manifestation. Elle retourne à la source pour se manifester de nouveau. Donc son apparition sur une tige n'est pas vraiment une naissance. C'est une manifestation et la disparition de la rose n'est pas une mort, une perte, mais la cessation d'une manifestation pour faire place à une autre manifestation. »

Il en va de même pour tous les êtres, toutes les plantes, tous les arbres, tous les animaux, tous les hommes et ainsi s'explique cette pancarte qui, sur les murs des trois monastères, proclame : « Vous n'êtes pas une création, vous êtes une manifestation. »

C'est cela le regard profond et voilà qui change tout, même si nous considérons notre propre destinée. J'applique sur ma personne le regard profond. Je vois que j'existais déjà dans mes ancêtres et que j'existerai encore dans mes descendants. Donc je ne suis jamais né et je ne mourrai jamais. Lorsque les conditions ont été rassemblées pour que je me manifeste, je me suis manifesté. C'est tout. Si je pouvais vivre cela en profondeur, je n'aurais plus aucune raison d'avoir peur de la mort.

Le moment est venu, même s'il est un peu long, de citer intégralement le texte de Thây. Plusieurs personnes à qui nous avions demandé ce qui les avait attirées vers l'enseignement de Thich Nhat Hanh ont cité cette méditation sur la feuille de papier. Il s'agit d'un texte tellement simple, tellement limpide et pourtant si profond qu'il contient, semble-t-il, l'essentiel du bouddhisme.

Il part d'une simple feuille de papier que Thây montre

à l'assemblée avant de commencer sa démonstration. Démonstration qui est en même temps la plus profonde des méditations :

« Si vous êtes poète, vous verrez un nuage flotter dans cette feuille de papier. Sans pluie, les arbres ne peuvent pousser, et sans arbres, on ne peut fabriquer de papier. Le nuage est essentiel à l'existence du papier. S'il n'y a pas de nuages, il n'y a pas non plus de papier. Nous pouvons donc dire que le nuage et le papier intersont. Ce mot n'existe dans aucun dictionnaire, mais il suffit de combiner le préfixe "inter" et le verbe "être" pour obtenir un nouveau verbe : interêtre.

« Si nous regardons plus en profondeur cette feuille de papier, nous y découvrons aussi le soleil. Sans soleil, il n'y a pas de forêts. En fait, rien ne peut pousser sans le soleil. Nous pouvons donc en déduire que le soleil est aussi dans cette feuille de papier. Papier et soleil intersont. Et si nous continuons notre observation, nous voyons le bûcheron qui a coupé l'arbre et qui l'a porté à la fabrique pour y être transformé en papier. Et nous voyons le blé. Nous savons que le bûcheron ne peut exister sans son pain quotidien, aussi le blé qui a servi à faire le pain est lui aussi dans cette feuille de papier. De même que le père et la mère du bûcheron. En regardant de cette façon, nous voyons que, sans toutes ces choses, la feuille de papier ne peut exister.

« En regardant encore plus profondément, nous nous voyons nous-mêmes dans cette feuille de papier. Ce qui n'est pas difficile puisque la feuille regardée fait partie de notre perception. Votre esprit est là-dedans, comme l'est aussi le mien. Donc nous pouvons dire que tout est dans cette feuille de papier. Nous ne pouvons rien trouver nulle part qui n'y soit pas – temps, espace, terre, pluie, minéraux, soleil, nuage, rivière, chaleur, tout y est. Tout coexiste dans cette feuille de papier. C'est pour cette raison que le verbe interêtre devrait figurer dans le dictionnaire. "Etre", c'est interêtre. Nous ne pouvons pas être tout seuls, il nous faut interêtre avec tout ce qui existe. Si cette feuille de papier est, c'est du fait que tout le reste est.

« Supposons que nous voulions faire revenir un de ces éléments à sa source, les rayons du soleil, par exemple. Pensez-vous que cette feuille de papier puisse alors continuer d'exister ? Non, bien sûr, rien ne peut être sans les rayons du soleil. Et si nous supprimions le bûcheron, le faisant revenir au temps précédant sa conception, il n'y aurait pas non plus de feuille de papier. Celle-ci est, à vrai dire, faite d'éléments de "non papier". Et si nous faisons revenir ces éléments à leur source, l'esprit, le bûcheron, les rayons du soleil, etc. il n'y a, là encore, plus de papier.

« Mince comme elle l'est, cette feuille de papier n'en renferme pas moins tous les éléments de l'univers. »

Tous les éléments de l'univers dans une seule feuille de papier, cela paraît fou et pourtant, la démonstration est rigoureuse, n'est-ce pas ?

Lorsqu'on a lu ce texte, lorsqu'on l'a compris en profondeur, il faut à peine forcer la réalité pour affirmer que tous les points de l'enseignement de Thich Nhat Hanh ne sont qu'autant de variations sur ce thème essentiel.

Voici, par exemple, une variation dont le support est la flamme. Il faut voir Thây montrer à l'assemblée une boîte d'allumettes, l'ouvrir, en sortir une allumette et dire : « La flamme n'est pas encore là mais si je regarde cette allumette avec le regard profond, je la vois déjà briller. Elle n'est pas encore là mais les conditions sont réunies pour qu'elle le soit. Il me suffit de gratter l'allumette ou plutôt d'inviter la flamme à se manifester. » Il joint le geste à la parole, nous montre la flamme et ajoute : « Si vous êtes un méditant, vous n'avez pas à attendre qu'elle se manifeste pour reconnaître la présence de la flamme. »

Il imagine maintenant un fermier qui vient de semer des graines de tournesol. Il va lui falloir attendre des mois avant de voir les fleurs s'épanouir mais déjà, avec le regard profond, il voit son champ couvert de fleurs magnifiques, tout comme le jardinier biologique peut voir des salades dans un tas de compost.

C'est ainsi que Thây aborde le grave problème de la mort. Nous n'arrêtons pas de nous tromper. Nous croyons que lorsque quelqu'un est mort, il a totalement disparu, qu'il est entré dans le néant, comme nous croyons que la flamme a disparu lorsque nous l'avons soufflée. Sous nos yeux, avec son ineffable sourire, il se livre à une expérience comme le ferait un professeur de physique dans son laboratoire. Il prend une feuille de papier, nous la montre. Dans l'autre main, il tient une allumette. « Nous allons voir, dit-il, si cette allumette a vraiment le pouvoir de réduire à néant cette feuille de papier. » Il gratte l'allumette, allume la feuille par un coin et la laisse brûler lentement entre ses doigts. Il dépose les cendres dans un cendrier et commence par constater que la feuille de papier a subi plusieurs transformations. Elle s'est transformée en cendres, en énergie, en chaleur… De cela, il n'y a pas de doute. Cette chaleur, il l'a sentie, il s'est presque brûlé les doigts. Nous ne l'avons pas sentie parce que nous étions trop éloignés de lui mais, si nous avions eu des instruments de mesure suffisamment précis, nous aurions pu constater qu'elle a pénétré en nous. Elle a même pénétré les étoiles les plus lointaines car tout phénomène a un effet sur le cosmos tout entier.

Donc la feuille n'a pas purement et simplement disparu. Elle est allée très loin, sa fumée est montée jusqu'au ciel.

Elle fait maintenant partie d'un nuage et lorsque ce nuage crèvera, elle tombera sur la terre sous la forme d'une goutte d'eau. Quant à ses cendres, mélangées au compost, elles vont jouer leur rôle pour faire naître des fleurs merveilleuses.

Donc il est juste de dire : il n'y a pas de mort, il n'y a que des transformations. Car on ne peut jamais réduire l'être au non-être. Ce qui permet à Thây de conclure, en s'illuminant d'un sourire : « Etre ou ne pas être, là n'est pas la question. »

A peine les rires se sont-ils tus qu'il reprend sa démonstration : « Vous avez perdu un être cher et vous pensez qu'il n'existe plus. Vous ne savez pas qu'il a déjà pris une nouvelle forme, une nouvelle manifestation. Les choses vont très vite, mais pas vous. Vous restez emprisonné dans une image de manifestation. Le moment est venu d'utiliser le regard profond, de savoir, comme l'a dit Lavoisier, que rien ne se perd et rien ne se crée et donc qu'il n'y a ni naissance ni mort. Voyez la réalité, vous n'avez pas besoin d'être bouddhiste pour cela. Débarrassez-vous des notions de vie et de mort et l'émancipation sera là pour vous. Vous serez libéré de votre douleur, de votre notion de perte, de mort, de non-être. »

En jetant un coup d'œil dans la salle, on s'aperçoit que les visages sont tendus car, bien évidemment, tous ceux qui sont ici ont, un jour ou l'autre, perdu un être cher. Tout ce que vient de dire Thây est-il donc si consolant ? A première vue, non. Savoir que la bien-aimée qui vient de nous quitter s'est volatilisée dans l'espace et jusque dans les étoiles, savoir qu'il n'y a plus rien d'elle à quoi se raccrocher… Il y aurait plutôt de quoi désespérer. Les bouddhistes sont-ils donc tellement désincarnés qu'ils peuvent se consoler avec de telles pensées ?

Je me suis souvenu alors d'un passage du « Journal » de Thich Nhat Hanh, *Feuilles odorantes de palmier*. Il raconte qu'un soir, à New York, il était allé assister à une réunion bouddhiste. Une fois terminée la réunion, il s'est retrouvé sur Riverside Drive et il s'est aperçu que la pleine lune venait de faire son apparition. « Elle est apparue, écrit-il, magique, dans un ciel argenté, encadrée par les gratte-ciel. » C'était la pleine lune d'octobre et il a senti soudain que sa mère était près de lui, sa mère qui, justement, était morte six ans plus tôt lors de la pleine lune d'octobre.

Il faut citer ce passage, tant il est plein d'une émotion sacrée :

« La lune de minuit est aussi douce et aussi merveilleuse que l'amour d'une mère. Pendant les quatre années qui ont suivi sa mort, je me suis senti orphelin, puis une nuit, elle est venue à moi dans un rêve et, à partir de ce moment-là, je n'ai plus jamais ressenti sa mort comme une perte. J'ai compris qu'elle n'était jamais morte et que mon chagrin ne reposait que sur une illusion. Elle m'est apparue en rêve une nuit d'avril alors que je vivais encore sur les hauts plateaux du Viêt-nam. Elle était comme elle a toujours été et je lui ai parlé d'une façon tout à fait naturelle, sans la moindre trace de douleur. J'avais souvent rêvé d'elle mais ces rêves n'avaient pas eu sur moi le même impact que celui de cette nuit-là.

« Cette nuit-là, vers une heure du matin, je me suis éveillé et mon chagrin n'était plus là. J'ai compris que l'idée d'avoir perdu ma mère n'était qu'une idée. Et puisque j'avais été capable de voir ma mère dans mon rêve, j'étais capable de la voir partout. En sortant dans le jardin inondé par la lune, j'ai ressenti cette lumière comme la présence de ma mère. Ce n'était pas juste une pensée. En vérité, je pouvais voir ma mère partout et tout le temps. »

Ces quelques lignes, si délicieusement émues, apportent beaucoup de clarté sur le problème de la vie après la mort. Non, ceux que nous appelons les morts ne meurent pas et même, ils ne peuvent pas mourir. La vie ne se limite pas à notre petite existence terrestre. Nous faisons commencer celle-ci à la date de notre naissance mais c'est faux. En réalité, nous sommes nés neuf mois plus tôt, lors de notre conception et encore ce n'est qu'une idée car, avant même notre conception, nous étions déjà moitié dans notre mère et moitié dans notre père. Nous pouvons ainsi remonter toute la chaîne de nos ancêtres. Nous sommes faits d'eux et la vie s'écoule ainsi d'ancêtre en ancêtre comme elle continuera à s'écouler dans nos descendants. Et il est bien vrai de dire qu'au-delà des apparences, il n'y a ni mort ni naissance.

Tel est l'enseignement de Thich Nhat Hanh, lequel n'est lui-même que l'enseignement du Bouddha transmis de génération en génération.

Un mot s'impose alors, un mot si souvent prononcé à tort et à travers, le maître mot : Nirvâna. Lui aussi, il faut le voir avec le regard profond. Le Nirvâna n'est pas une sorte d'état vaporeux où l'on se trouve plongé au moment de l'illumination. C'est l'absence de toute notion, notion de naissance et de mort, d'apparition et de disparition, notion de paires d'opposés. Nous voici arrivés aux sources mêmes de la sagesse. Toutes les notions sont dangereuses. Même, par exemple, celle du bonheur. Car nous avons cette notion que le bonheur nous est nécessaire, indispensable mais l'expérience, celle des autres aussi bien que la nôtre, nous montre bien qu'il n'y a pas de bonheur sans malheur. Nous sommes persuadés que nous serons heureux si nous avons ce que nous voulons avoir. Et dès que nous l'avons, il nous faut encore autre chose pour être tout à fait heureux. Cela, nous pouvons le constater tous les jours. Il faut donc, un jour ou l'autre, jeter cette notion par-dessus bord, comme d'ailleurs toutes les autres notions.

Cette notion de bonheur peut donc être dangereuse d'un point de vue individuel mais aussi collectif. Rien n'est plus dangereux en effet que ceux qui veulent faire le bonheur des autres, d'un pays ou de l'humanité, même s'ils sont de bonne foi car au nom de l'idée qu'ils se font du bonheur, ils peuvent mettre en prison, torturer ou exécuter ceux qui ne sont pas d'accord avec eux. Cela ne peut arriver lorsqu'on utilise le regard profond qui voit bien au-delà des paires d'opposés.

Pour en finir avec la mort, Thây recommande souvent de réciter et d'étudier le « Discours sur l'enseignement donné aux malades ».

Cela nous permet de faire connaissance avec un personnage très important dans la genèse du bouddhisme. On entend souvent dire que le Bouddha ne s'est adressé qu'à des moines et, sur la fin de sa vie, à des moniales. Eh bien voici un laïc qui a mené jusqu'au bout sa vie de laïc et qui n'en a pas moins été l'un des amis les plus proches du Bouddha. Celui à propos duquel a justement été composé ce très célèbre « Discours sur l'enseignement donné aux malades ».

Cet homme s'appelait Anathapindika. Il vivait dans le royaume de Shravasti, dans le Cochala. Il était un richissime banquier et, comme tout banquier qui se respecte, il n'avait qu'un seul but dans la vie : gagner de plus en plus d'argent. Un jour, lors d'un voyage d'affaires dans un royaume voisin, il a eu la chance de rencontrer le Bouddha, une rencontre qui, bien entendu, a bouleversé sa vie de fond en comble. Il est devenu sur-le-champ un disciple laïc et, dans son enthousiasme, il a demandé à son nouveau maître de venir enseigner dans son pays. Il lui a même offert, pour y installer sa communauté naissante, un parc magnifique auquel il a donné le nom de parc Jeta, le nom du souverain qui le lui avait cédé.

Le parc Jeta est fameux dans l'histoire du bouddhisme car le Bouddha y a donné de nombreux enseignements. Enseignements offerts aux moines et aux moniales, bien entendu, mais aussi, un jour, à cinq cents hommes d'affaires invités par Anathapindika.

Cet homme de bien est tombé gravement malade. L'ayant appris, le Bouddha s'est rendu à son chevet. Puis il a chargé son plus proche disciple, le vénérable Shariputra, d'aller le soutenir pendant sa dernière maladie. Shariputra s'y est rendu aussitôt, emmenant avec lui Ananda qui était déjà l'une des figures les plus célèbres du bouddhisme naissant.

Voici donc les deux hommes arrivés auprès du malade. Comment vont-ils l'aider à mourir ? Tel est le sujet du fameux Discours sur l'enseignement donné aux malades ». L'état d'Anathapindika est véritablement critique. Il se plaint que la douleur, au lieu de s'apaiser, ne fait qu'augmenter.

Alors Shariputra prend la parole :

« Anathapindika, mon ami, il est temps de pratiquer la contemplation des Trois Joyaux : l'Eveillé (le Bouddha), le chemin de la pratique (le Dharma) et la communauté (la Sangha). » Il lui fait un petit exposé sur les Trois Joyaux, puis il ajoute :

« Ami Anathapindika, si vous méditez de cette manière sur le Bouddha, le Dharma et la Sangha, les bienfaits seront sans borne et vous pourrez ainsi détruire les erreurs et les afflictions. Vous récolterez un fruit frais et doux comme le baume du bodhisattva. Un homme ou une femme intègre, qui sait contempler les Trois Joyaux, ne risquera pas de tomber dans les trois mondes inférieurs que sont l'enfer, le monde des âmes errantes et celui des animaux, mais il renaîtra sous la forme d'un être humain ou d'un dieu. »

Les trois hommes méditent longuement et, déjà, le visage d'Anathapindika s'éclaire. Il semble moins souffrir, il s'apaise… Aujourd'hui, Thich Nhat Hanh commente ainsi ce passage :

« Shariputra était intelligent. Il savait qu'Anathapindika

avait eu beaucoup de bonheur en soutenant le Bouddha, le Dharma et la Sangha et donc que méditer sur le Bouddha, le Dharma et la Sangha allait pouvoir l'aider à rétablir l'équilibre entre le bien-être et la douleur physique.

« Il y a en vous, poursuit Thây dans son commentaire, des semences de douleur et quand cette douleur se manifeste, il faut à tout prix arroser les semences du bonheur pour pouvoir créer une situation équilibrée. Donc c'est une pratique très intelligente. Si vous êtes au chevet d'un mourant, il faut imiter Shariputra, regarder profondément pour reconnaître les semences de joie, de plaisir, de bonheur dans cette personne-là et il faut arroser cela, lui parler à propos de cela pour que ces graines puissent se manifester afin de neutraliser la douleur. Il faut apprendre à le faire. »

Une fois terminée la méditation sur les Trois Joyaux, commencent une série de méditations qui vont permettre au mourant de se désidentifier de tous les liens qui le retiennent encore, de le libérer. Il s'agit en quelque sorte d'une méditation négative. Sur les organes des sens d'abord : « Ces yeux ne sont pas moi, je ne suis pas prisonnier de ces yeux ; ces oreilles ne sont pas moi, ce nez, cette langue… Et puis ce corps, ce mental… »

Car il faut à tout prix éviter de s'identifier à ce corps, sinon va naître la peur de la dissolution totale.

Il faut maintenant se libérer :

– Des six objets des sens : les formes, le son, les odeurs, les goûts, les objets tactiles, les pensées.

– Des six consciences des sens : conscience visuelle, auditive, olfactive, gustative, tactile, mentale.

– Des six éléments : la terre, l'eau, le feu, l'air, l'espace, la conscience.

– Des cinq agrégats : les formes, les sensations, les perceptions, les formations mentales et la conscience.

– Des trois temps : le passé, le présent et le futur.

Ainsi s'achève la grande purification. Anathapindika est libre parce qu'il s'est dépouillé de tout et que, ce faisant, il a compris que la vraie nature de tous les phénomènes est de ne pas naître et de ne pas mourir, de ne pas arriver et de ne pas partir. Tout ce qui vient d'être passé en revue apparaît ou disparaît quand les conditions sont réunies pour cette apparition et cette disparition. Les yeux, par exemple : « Lorsque les causes et les conditions sont suffisantes, les yeux sont présents. Lorsque les causes et les conditions sont absentes, les yeux sont absents. » Ainsi de tout.

En réalisant cela, Anathapindika se met à pleurer.

Ananda s'inquiète : « Ami, demande-t-il, pourquoi pleurez-vous ? Votre méditation n'a-t-elle point réussi ? Avez-vous quelque regret ?

« Non, répond le mourant. Je pleure car je suis très ému. J'ai eu la grande chance de servir le Bouddha et sa communauté pendant des années et pourtant, je n'ai jamais entendu un enseignement aussi profond, merveilleux et précieux que les paroles transmises aujourd'hui par notre ami Shariputra. »

Alors le Vénérable Ananda dit à Anathapindika le laïc :

« Mais ne savez-vous pas que le Bouddha donne régulièrement cet enseignement aux bhikkus et aux bhikkunis ? » (Moines et moniales.)

Anathapindika le laïc répondit :

« Seigneur Ananda, je vous en prie, dites au Bouddha qu'il existe des laïcs qui ne peuvent pas écouter, comprendre et pratiquer un enseignement comme celui-ci mais il y en a d'autres qui en sont capables. Alors il faut prier le Bouddha de dispenser cet enseignement merveilleux aux laïcs. »

Après avoir entendu les instructions de Shariputra et avoir médité en conséquence, Anathapindika se sentit libre et paisible et il atteignit la compréhension la plus haute. Il mourut paisiblement après le départ des moines avec beaucoup de bonheur.

Aux yeux de Thich Nhat Hanh – il ne cesse de le répéter – ce « Discours sur l'enseignement donné aux malades » est extrêmement important. Il demande à ses disciples de le lire, de le pratiquer et de l'étudier sans cesse. Car il est la clé de la non-peur, c'est-à-dire du Nirvâna. Si la peur est en nous, rien n'est possible. Nous sommes arrêtés, nous ne pouvons plus progresser et c'est bien cela qu'un maître comme Arnaud Desjardins ne cesse d'affirmer :

« Tout le chemin consiste à aller de la peur à l'amour. »

En fait, à l'heure de sa mort, Anathapindika le laïc avait pris refuge dans la Pleine Conscience. Il avait atteint l'état de Bouddha.

En lisant cela, nous avons tendance à croire qu'il a atteint l'inaccessible ou plutôt ce que nous pensons, nous, être inaccessible. Un état sublime que nous n'atteindrons jamais parce que nous sommes encore tellement faibles, tellement englués dans les pièges de la vie quotidienne, dans les passions et, par-dessus tout, dans les peurs.

La bonne, l'excellente nouvelle nous est donnée par Thây lorsqu'il nous dit et nous répète, avec son inimitable sourire : « C'est une chose possible. » Non pas seulement aux héros, aux saints, aux ascètes mais à tous ceux qui font un effort persévérant pour pratiquer la Pleine Conscience.

« Chaque fois, dit-il, que vous revenez à votre respiration, que vous pratiquez la respiration en profondeur, vous touchez la Pleine Conscience. Vous êtes un Bouddha vivant. Il suffit de vivre cela une fois pour savoir que c'est possible, que c'est à notre portée à nous aussi si nous voulons bien nous donner la peine de pratiquer.

« Quand vous ne savez plus quoi faire, poursuit Thây, retournez à votre respiration. Inspirez et expirez consciemment et prenez refuge dans la Pleine Conscience. Chaque fois que vous vous sentez confus, en colère, perdu, agité ou effrayé, il y aura toujours un lieu où vous réfugier. La Pleine Conscience de notre respiration est notre île. Elle est très sûre. Etre une île pour soi-même signifie savoir revenir en soi en cas de danger, d'instabilité ou de perte. »

Là encore, nous sommes au cœur de l'enseignement du Bouddha. C'est lui qui a donné à l'humanité cette notion si précieuse d'île intérieure. Ce lieu d'asile, de sûreté où nous pouvons toujours trouver cette sécurité dont nous avons par-dessus tout besoin.

VI

Se réfugier dans l'île intérieure ou encore, comme on le chante si souvent au Village des Pruniers : « Bien solide, vraiment libre, je prends refuge en moi-même. » Encore faut-il ne pas s'y laisser troubler par les émotions car alors, nous nous retrouverions aussitôt exilés de nous-mêmes. Le secret est de faire preuve d'équanimité, un mot qui revient souvent dans le bouddhisme. Autrement dit, ne plus se laisser entraîner par les émotions. Pour cela, pour vivre perpétuellement dans la tranquillité d'esprit, il faut commencer par travailler sur soi-même.

Avec son humour habituel, Thich Nhat Hanh a un jour établi une comparaison entre la psychanalyse et le bouddhisme.

Il est vrai que vivre n'est pas facile. Même les vies les mieux protégées en apparence sont souvent pénibles. Nous sommes soumis à la violence, assaillis par des « blocs de souffrance » et cela depuis l'enfance. Nos parents eux-mêmes – y compris les meilleurs – ont semé en nous des graines de souffrance que nous nous sommes empressés de refouler, d'enfouir tout au fond de notre inconscient. Les Eglises elles-mêmes, les religions, nous font parfois violence en nous imposant des obligations que nous ne pouvons pas comprendre.

Cette violence, ces souffrances accumulées sont en nous une véritable bombe qui risque d'exploser à chaque instant. Cette bombe, il faut à tout prix la désamorcer. Lorsqu'elle est devenue insupportable, elle nous amène au bord de la rupture et c'est bien pour cela que nos contemporains se précipitent sur les drogues, les médicaments, les psychiatres et les psychanalystes.

Dans la psychanalyse, affirme Thich Nhat Hanh – et il faut voir son sourire lorsqu'il aborde ce sujet –, on utilise un divan et la personne allongée dessus, on l'encourage à dire ce qui arrive dans sa pensée, les associations libres et on espère reconnaître les choses qui viennent directement des tréfonds de l'inconscient. On s'efforce de le faire souvenir de ce qui est arrivé dans son enfance, de le faire revenir au moment de sa naissance, de faire resurgir le bébé, l'enfant… On fouille dans le passé.

« Remarquez bien que l'analyste ne se tient pas en face de la personne. Il doit se cacher derrière le divan. Il doit être plus haut que son patient. Mais quelques fois, il arrive qu'il y ait des bombes prêtes à exploser, des orages et il arrive que l'analyste ait peur. Alors il doit placer des sacs de sable autour de lui pour que les éclats de la bombe ne parviennent pas jusqu'à lui. Le fait est que, même si l'analyste n'est pas en face de la personne, celle-ci continue à souffrir, à censurer ce qu'elle dit. Tous les deux, l'analyste et le patient, s'acharnent à découvrir l'origine du mal dans le passé. Cela peut aider, bien sûr, mais il s'agit d'une démarche longue, difficile et parfois crucifiante.

« Cette violence, ce passage en force n'existent pas dans l'approche bouddhiste. Là encore, l'arme absolue s'appelle Pleine Conscience. Avec elle, on touche en profondeur l'instant présent, on vit ici et maintenant. Alors, dans cette profondeur, le passé devient disponible. Prendre soin du présent, le vivre intensément, tout est là. Il devient inutile de se contorsionner l'esprit pour accéder au passé. La démarche devient paisible, naturelle et la même chose est vraie du futur, lui aussi disponible dans le temps présent.

« Vous avez un analyste en vous, explique Thây, et cet analyste, c'est la Pleine Conscience. Car dans le présent, vous êtes à la fois celui qui parle et celui qui écoute. »

On ne peut empêcher les émotions de surgir mais il est possible de les apaiser en prenant refuge dans la Pleine Conscience.

Pour bien montrer à quel point l'émotion non contrôlée peut être destructrice, Thich Nhat Hanh raconte cette histoire, une histoire, dit-il, très connue au Viêt-nam, celle d'un homme qui est parti pour la guerre en laissant sa femme enceinte et qui revient quelques années plus tard.

La nouvelle de son retour fait le tour du village. Sa femme et son petit garçon de trois ans se précipitent au-devant de lui. C'est la première fois qu'il voit son petit garçon et la coutume veut que, dans ce cas, il place une offrande sur l'autel des ancêtres. Il demande à sa femme d'aller acheter les provisions pour cela et, tandis qu'elle est absente, il essaie de persuader son fils de l'appeler papa. Celui-ci s'y refuse, s'obstine et, poussé à bout, finit par dire : « Non, monsieur, vous n'êtes pas mon papa. Mon papa est quelqu'un qui est venu voir ma mère toutes les nuits. Elle parlait longuement avec lui, elle pleurait beaucoup et, chaque fois qu'elle s'allongeait, il s'allongeait aussi. »

Le père est choqué et furieux de ce qu'il vient d'entendre et, lorsque sa femme revient, portant les offrandes, il ne la regarde même pas. Tous les deux, ils commencent à souffrir mais comme ils ont chacun leur fierté, ils évitent d'en parler. La femme ne comprend pas pourquoi son mari la traite ainsi. Lui, il est malheureux de son côté mais il est trop fier pour lui demander de s'expliquer. Plus le temps passe et plus la situation empire. L'émotion, une violente émotion est devenue la véritable maîtresse de la famille. Il faudrait pouvoir parler mais c'est impossible. Chacun s'enferme dans sa douleur et fait comme s'il n'avait pas besoin de l'autre. L'orgueil, l'amour-propre sont plus forts que l'amour.

L'homme place l'offrande sur l'autel. La tradition exige que chacun des participants se prosterne quatre fois sur la natte pour faire des touchers de la terre. L'homme fait les prosternations mais il interdit à sa femme d'en faire autant. Elle ne comprend pas mais elle est trop humiliée pour solliciter des explications.

L'homme la quitte pour aller noyer son chagrin dans le bar du village. Il boit pendant trois jours. Sa femme est si désespérée qu'au bout de ces trois jours, elle se jette dans la rivière.

Le père reste seul pour s'occuper de son enfant. Il allume la lampe et celui-ci s'écrie : « Monsieur, voici mon papa ! » et il lui montre son ombre sur le mur. Il explique : « Tous les soirs, mon papa venait parler à ma maman. Chaque fois qu'il s'asseyait, elle s'asseyait aussi. » Que s'est-il donc passé ? Simplement ceci : un jour, en rentrant de l'école, l'enfant avait demandé à sa mère : « Pourquoi ne suis-je pas comme mes copains ? Ils ont tous un père et pas moi. » Alors la mère, ne sachant que faire, lui a désigné sa propre ombre sur le mur et lui a dit : « Voici ton papa. » Et elle a commencé à parler comme si elle s'adressait à son mari : « Pourquoi es-tu parti si longtemps ? Pourquoi me laisses-tu seule pour élever notre enfant ? »

La vérité enfin se fait jour. Le papa, c'était l'ombre de la mère. Le mari ne pouvait pas comprendre cela. Ecrasé de chagrin, il s'est mis en colère, s'est buté et, ce faisant, il a poussé sa femme au désespoir.

Il aurait suffi de peu de choses pour éviter ce drame. Seulement d'un peu de communication. Il aurait suffi que la femme ait demandé à son mari de s'expliquer et que lui ait été prêt à le faire. Il aurait pu dire tout simplement : « Ma chérie, je souffre tellement. Il faut que tu m'expliques ce que vient de dire notre fils. » Le drame aurait ainsi été évité et la vie de la famille aurait pu reprendre, heureuse.

Rien n'est plus dangereux que les perceptions erronées pour les relations humaines. Et ces perceptions erronées surgissent à partir de l'émotion qui s'empare de nous et que nous ne savons pas contrôler.

Voici pourquoi il est si important de se débarrasser de l'émotion dès qu'elle se présente. Si elle n'est pas contrôlée, l'émotion peut devenir une tempête qui emportera tout sur son passage.

Sans doute avons-nous tous le souvenir d'avoir été dominés par une émotion qui nous a fait dire ou faire des bêtises que nous avons regrettées ensuite. Nous avons été incapables alors de nous reprendre en main et de réaliser que l'émotion est un sentiment qui fait irruption en nous et qui finit toujours par disparaître. Souvenons-nous de nos colères, de nos paniques, de nos désespoirs…

Pour nous aider, Thich Nhat Hanh nous donne l'exemple de l'arbre. Regardons-le dans la tempête. Voyons sa cime s'agiter avec violence. « Vous avez l'impression que l'arbre est très fragile mais si vous dirigez votre attention sur le tronc et si vous êtes au courant du fait que l'arbre est profondément enraciné dans la terre, alors vous aurez une autre impression. Vous penserez que l'arbre va tenir.

« Donc quand la tempête de l'émotion survient, ne restez pas au niveau du cerveau, c'est-à-dire à la cime de l'arbre. C'est parce que vous êtes un arbre vous aussi. Vous avez un tronc et vous avez des racines. Ce niveau du cerveau, c'est l'œil de la tempête. Il est très dangereux de rester dans l'œil de la tempête. Il faut descendre. Et votre tronc est ici, un peu au-dessous de votre nombril. Alors dirigez votre attention sur ce point. Et pratiquez la respiration consciente. Dans une position assise, vous pratiquez la respiration profonde. Observez la montée et la descente de votre ventre. J'inspire, ça monte ; j'expire, ça descend. Ne faites que cela. Concentrez-vous à cent pour cent sur le mouvement de l'abdomen. Concentrez-vous sur la respiration. Alors vous serez en sécurité pendant le temps de la tempête. Il faut prendre refuge dans la pratique. Vous savez bien, pendant la pratique, qu'une émotion n'est qu'une émotion. Cela vient, cela reste pendant quelque temps et cela doit partir comme une tempête. Et vous êtes en sécurité, ici, avec la pratique. Alors après une quinzaine ou une vingtaine de minutes, l'émotion va disparaître. Vous serez sain et sauf. »

Comme cela semble simple ! Et pourtant comme c'est difficile ! En vérité, il n'y a pourtant pas d'autre solution pour surmonter une émotion. Sous une forme ou sous une autre, tous les enseignements spirituels disent la même chose : vous êtes plus que votre émotion et vous pouvez toujours vous apaiser grâce à une respiration consciente. Ce ne sont pas là paroles en l'air mais une pratique qui, avec de la persévérance, finit toujours par donner des résultats. Et cela vaut pour les émotions les plus perturbatrices, pour la colère, la peur, la jalousie…

Afin de nous permettre d'aller au fond de cet enseignement, Thây nous demande de visualiser une orange et, pour que ce soit plus facile, il la dessine sur une grande feuille de papier et la divise en cinq parties. Chacune de ces divisions représente un des cinq éléments essentiels, un des cinq agrégats pour parler selon le vocabulaire bouddhiste. Ces agrégats sont : la forme, les sensations, les perceptions, les formations mentales et la conscience. Toute personne humaine est faite de ces cinq groupes d'éléments.

La forme d'abord sur laquelle il faut méditer en premier. C'est notre corps physique qu'il nous faut aimer et soigner avec tendresse. Dans sa totalité mais aussi dans le détail. Ce corps, nous avons tellement tendance à le considérer comme taillable et corvéable à merci, à le maltraiter, à lui imposer des tâches épuisantes, à le nourrir de ce qui lui fait mal. Nous pouvons voir en détail chaque organe : le foie surchargé par tous nos excès, le cœur tourmenté par nos inquiétudes, nos peurs et nos colères, le cerveau encombré de tellement de pensées parasites… Nous devons reconnaître l'utilité de notre corps, sa disponibilité constante, son énergie toujours renouvelée. Nous devons lui permettre de se reposer car c'est le seul moyen pour lui de vivre dans l'harmonie.

Deuxième agrégat, les sensations. Il y a les agréables, les désagréables et les neutres. Il y en a même qui sont à la fois agréables et désagréables. Ces sensations, enseigne Thich Nhat Hanh, sont en nous comme une rivière qui n'arrête jamais de couler. Le courant est parfois rapide et parfois lent mais jamais il ne s'arrête. « Méditer, affirme Thây, c'est s'asseoir sur les bords de la rivière des sensations. » C'est donc les regarder passer, les reconnaître, leur accorder l'importance qu'elles méritent, les aimer mais c'est aussi ne pas se laisser submerger par elles, s'en rendre libre et, pour cela, savoir qu'elles ne font que passer et que même si elles nous prennent tout entier, elles vont bientôt disparaître pour faire place à d'autres et à d'autres encore. Ainsi s'écoule la vie, de la naissance à la mort. Il s'agit d'être libre, même des sensations les plus agréables. Ne pas s'identifier à elles, là est le secret. Ne pas les juger.

Troisième agrégat, les perceptions. Elles aussi nous pouvons les voir comme une rivière. Nous ne cessons de percevoir ce qui nous entoure. Cela peut être merveilleux mais trop souvent, hélas ! nos perceptions sont erronées.

Par exemple, tous, à un moment ou à un autre de notre vie, nous sommes, comme on dit vulgairement, « tombés amoureux ». Cette femme en face de moi, voici que je me sens attiré par elle. C'est irrésistible. Je la vois belle, magnifique, je lui trouve toutes les qualités, j'ai envie de ne plus jamais la quitter, j'ai besoin de sa présence. Je la perçois et, aussitôt, je l'aime. Malheureusement, il y a toutes les chances pour que cette perception soit une perception très partielle, toutes les chances pour que cette femme ne soit pas, en réalité, telle que je la vois au moment où je deviens amoureux d'elle. Que de souffrances à cause de ces perceptions erronées ! Et que d'injustices car, une fois passé le temps, je vais lui reprocher de ne pas être telle que je l'ai perçue en cet instant de grâce, lui reprocher de me décevoir, de ne pas être à la hauteur de ce que j'ai attendu d'elle.

Ces perceptions erronées ne s'appliquent pas qu'aux

autres mais aussi à moi-même et c'est pour cela sans doute que, depuis l'antiquité la plus reculée, toutes les spiritualités nous demandent avant tout de nous connaître nous-mêmes. Il y a là un champ d'expériences sans fin, un sujet de méditation qui jamais ne s'épuise.

Quatrième agrégat, les formations mentales. Il faut d'abord s'entendre sur le mot. Dans le bouddhisme, dit Thây, une formation est une chose. « Par exemple, explique-t-il, cette table est une chose, une formation. Elle est formée par des conditions qui sont le bois, le menuisier qui l'a faite, les clous, toutes les choses qui sont nécessaires à la formation d'une table. » Il en va de même, nous l'avons vu, pour la fleur dans laquelle, à l'aide du regard profond, nous pouvons voir tous les éléments qui l'ont formée, les nuages, la graine, le soleil, le travail du jardinier… Tout, absolument tout ce qui nous entoure, tout ce que nous pouvons concevoir sont autant de formations, y compris le Bouddha et Jésus. Cela justifie cette phrase zen qui choque si fortement ceux qui ne vont pas au fond des choses : « Si vous rencontrez le Bouddha, tuez-le ! » Ce n'est pas le Bouddha qu'il faut tuer, bien sûr, mais l'idée que nous nous en faisons, la formation mentale qu'il représente pour que la vraie réalité Bouddha soit. Plus on avance dans le temps et plus on est proche de la réalité du Bouddha.

Ce qu'il faut bien voir, c'est que toutes les formations sont impermanentes. La table s'use et finit par tomber en poussière, la fleur se fane, la maison la plus solide s'écroulera un jour, l'arbre tombera et pourrira…

On peut aller plus loin encore et adopter cette formule de Thây : une formation, c'est tout ce qui se manifeste en phénomène. Et voilà le champ des formations qui s'étend à l'infini, à la colère, au désespoir et à la Pleine Conscience elle-même. Tout cela aussi, tout comme l'amour, la compassion, la peur, tout cela aussi est impermanent. Il suffit de réfléchir un peu et de faire appel à ses souvenirs pour s'en apercevoir. Le bouddhisme affirme d'ailleurs que, bonnes ou mauvaises, il y a cinquante et une catégories de formations mentales.

Voilà qui nous amène directement à la conscience qui est le cinquième agrégat. Conscience, conscience, conscience, répète souvent Thây pour bien nous enfoncer dans la tête l'importance d'être conscient. Car la conscience est la clé de tout. Elle englobe tout. Elle est « la totalité des graines, des semences qui vont donner naissance à des formations mentales ». Elle englobe même – et il est très important de le comprendre – ce qui reste au-dedans de nous sans affleurer à la conscience.

Par exemple, il est certain qu'il y a en moi, dans les profondeurs, des graines de colère. Elles y sont même si, pour l'instant, je suis parfaitement serein. Il y a de même des graines de peur, de désespoir, de joie. Toutes ces graines qui existent au plus profond de moi attendent, pour se manifester, que les conditions soient réunies pour leur apparition. Un événement suffit pour faire jaillir la colère et voici que, soudain, elle explose, ravageant tout sur son passage, m'amenant souvent à prononcer des paroles ou à faire des gestes inconsidérés et me laissant épuisé. Impermanente comme toute chose, ma colère disparaît mais elle reste en moi à l'état de graine.

Telle est donc la conscience : une réserve de graines, de semences enfouies au cœur de l'homme et qui attendent l'occasion propice pour se manifester.

On peut dire que ces graines sont entreposées dans la cave où elles sont inactives. Nous ne nous rendons même pas compte de leur existence. Reprenons l'exemple de la colère. Je suis bien, je suis parfaitement calme, j'ai oublié jusqu'à son existence. Et voici que, soudain, quelqu'un me dit quelque chose qui touche en moi un point sensible. Et voilà la colère qui jaillit de la cave pour arriver dans le mental, au niveau supérieur. Disons qu'elle monte de la cave à la salle de séjour. Tout mon être est ébranlé et si je n'ai pas appris à gérer cette énergie, cela peut devenir catastrophique. Il y a des gens qui tuent dans une explosion de colère. Il suffit, pour s'en convaincre, d'ouvrir son journal à la page des faits-divers.

Que faire lorsque notre univers, tout d'un coup, se transforme ainsi brutalement ? Il faut d'abord prendre conscience d'une chose très importante : s'il y a en nous des graines de colère, de peur, de désespoir, il y a aussi, d'une façon tout aussi certaine, des graines d'amour, de joie et de compassion. Ces graines, ces bonnes graines, il est essentiel de les arroser, de façon à les faire germer en nous. La plus importante de ces graines est celle de la Pleine Conscience. Plus celle-ci prend de place et mieux elle est à même de s'occuper des graines négatives lorsque celles-ci montent de la cave à la salle de séjour.

J'ai peur, je suis en colère, je suis désespéré… cela, je ne peux l'éviter, ce sont des graines qui se manifestent, qui arrivent au niveau du mental mais elles vont se trouver neutralisées par des graines positives pour peu que je me sois donné la peine de les arroser avec abondance.

Nous sommes là au cœur d'un enseignement qui se retrouve, sous une forme ou sous une autre, dans toutes les traditions. Cette énergie de la Pleine Conscience, d'autres l'appellent l'état de Bouddha, l'Esprit Saint, la Présence. C'est cette énergie à laquelle, avec un peu d'entraînement, nous pouvons toujours faire appel pour nous protéger.

Revenons à cette notion essentielle de la cave et de la salle de séjour car ici, l'enseignement bouddhiste rejoint les données de la psychologie moderne.

Nous l'avons dit, dans la cave se trouvent toutes les graines, les positives et les négatives. Les graines négatives nous font peur. Nous savons par expérience que lorsqu'elles arrivent au niveau du mental, elles nous rendent malheureux. Alors nous essayons de toutes nos forces de les bloquer, de les empêcher de monter. Nous y parvenons parfois mais ces graines restent là, véritables blocs de souffrance toujours prêts à resurgir. Elles nous empoisonnent sans même que nous nous en apercevions. Elles grandissent, se renforcent, forment des nœuds que nous ne pouvons dénouer. Si quelqu'un touche en nous un point sensible, nous évitons de répondre, nous refoulons, diraient les psychanalystes ou les psychologues qui répètent avec raison : « Tout ce qui ne s'exprime pas s'imprime. » En fait, comme le dit Thây, plus le temps passe et plus nous devenons des bombes prêtes à exploser. Un jour, à la moindre occasion, ces barrières que nous avons placées entre la cave et la salle de séjour risquent d'être pulvérisées. Le champ de notre mental va alors se trouver complètement envahi par la souffrance. Notre condition va devenir insupportable. Cela n'est pas possible, il faut faire quelque chose.

Pour ne pas souffrir, nous allons nous plonger dans l'activité et même dans l'activisme, remplir nos carnets de rendez-vous, voyager pour éprouver des sensations nouvelles, nous pendre au téléphone, aller au théâtre, au cinéma et, dans les cas extrêmes, boire ou nous droguer. Tout cela pour occuper la salle de séjour afin qu'elle soit bien pleine et que la souffrance ne puisse y entrer. En réalité, il s'agit d'une tâche impossible. Toutes ces « distractions », au sens pascalien du mot, ne sont que de vaines échappatoires. Elles peuvent nous permettre de vivre encore dans l'illusion, de gagner un peu de temps mais, un jour ou l'autre, nous le savons confusément, la souffrance va finir par entrer. La souffrance, c'est-à-dire la peur, la colère, le désespoir, la violence, le mépris de soi-même…

Le moment le plus intense de la retraite francophone a sans doute été celui où Thich Nhat Hanh a ainsi parlé de la cave et de la salle de séjour. A propos de toutes ces distractions que nous essayons de nous donner pour fuir la réalité, il a dit :

« A cause du fait que vous cherchez des invités pour occuper la salle de séjour, vous avez causé une mauvaise circulation de vos toxines psychiques. Les formations mentales sont le sang de notre organisme. Si le sang ne circule pas dans notre corps, alors nous avons des difficultés… Dans l'esprit, dans la conscience, il se produit la même chose. On bloque le chemin et on crée ainsi une mauvaise circulation des formations mentales. Il y a la peur, le désespoir, le désir, la jalousie, des choses comme ça qui sont là, énormes. Pourquoi ces choses-là sont-elles en train de croître ? Quand, par exemple, nous consommons de la télévision, une certaine littérature… quand nous regardons les informations, les éléments de peur, de violence, de désir continuent à tomber dans les tréfonds de notre conscience et à arroser les semences négatives en nous. »

Cela veut dire que toutes nos agitations, tout ce que nous faisons pour empêcher la souffrance d'arriver jusqu'à notre mental ne font qu'augmenter et exaspérer cette souffrance. C'est un véritable cercle vicieux.

Il faut en sortir, briser enfin ce cercle.

Le meilleur moyen est de redescendre un moment à la cave. Oui, c'est vrai, on y trouve ces blocs de souffrance mais si nous savons voir profondément, il y a aussi, nous l'avions oublié, toutes ces graines positives qui attendent, elles aussi, l'occasion de se manifester. Ce sont elles qui vont nous aider. Arrosons la joie, arrosons la paix, la compassion, l'amour, l'équanimité, arrosons-les avec persévérance et elles vont germer, croître et monter, elles aussi, dans la salle de séjour où elles prendront soin, avec beaucoup de tendresse, des graines négatives qui, laissées à elles-mêmes, ont le pouvoir de nous faire tant de mal.

C'est là que le message de Thich Nhat Hanh révèle tout son potentiel d'espoir. Ecoutons-le :

« Je vous recommande de faire deux choses. La première

est de cesser cet arrosage irréfléchi. Il ne faut pas installer des invités non voulus dans votre salle de séjour. La deuxième chose est d'enlever le barrage pour que les formations mentales puissent surgir. C'est une chose difficile pour un non pratiquant. Ceux qui ne pratiquent pas ont peur de cela… Mais dans le bouddhisme, nous apprenons qu'il y a des méthodes pour nous protéger. C'est avec l'énergie de la Pleine Conscience que vous allez résoudre le problème. Si vous avez pratiqué une journée, deux journées, trois journées, une semaine, vous avez déjà une capacité à être dans la Pleine Conscience. Et vous pouvez pratiquer chez vous aussi. Faire le jardin en Pleine Conscience, la vaisselle en Pleine Conscience, la marche en Pleine Conscience, la conduite de la voiture en Pleine Conscience, la respiration… Chaque minute de pratique va vous procurer un peu plus de cette énergie-là.

« Quand vous êtes prêt, il faut tirer le verrou et laisser ces choses-là remonter. Le Bouddha a dit cela d'une manière très claire. Il sait que nous avons en nous des choses comme la peur ou le désespoir. A tous les moines et à toutes les nonnes, il a recommandé de pratiquer avec la peur comme cela : j'inspire et je suis conscient de ma peur. Il faut appeler la peur sous tous ses aspects. Dans le livre des chants, vous pouvez reconnaître cette pratique pour embrasser la peur, la peur de la mort, par exemple : ma nature est de mourir, je ne peux échapper à la mort. C'est la première pratique. »

On entend souvent des chrétiens sincères poser cette question avec une pointe d'inquiétude ou d'agacement : « Tout de même, il y a tout dans le christianisme : la profondeur, la Présence de Dieu, la compassion, le visage rayonnant du Christ… Nous vivons dans un pays de vieille tradition chrétienne. Pourquoi, dans ces conditions, sont-ils si nombreux ceux qui se détournent de leur antique tradition pour s'ouvrir au bouddhisme ? »

L'une des réponses, semble-t-il, se trouve dans ce que vient de nous dire Thich Nhat Hanh et, en particulier, dans ces paroles si simples et qui n'ont l'air de rien : « Si vous pratiquez une journée, deux journées, trois journées, une semaine, vous avez déjà une capacité à être dans la Pleine Conscience. » Point n'est besoin de se pencher pendant des années sur des livres de théologie, de se livrer à une longue et douloureuse ascèse, de se culpabiliser parce qu'on ne se sent pas à la hauteur. Il suffit de pratiquer et cela dans les gestes les plus humbles de la vie. Il suffit de respirer en sachant qu'on respire, de marcher, de laver la vaisselle, de faire ses courses en Pleine Conscience. Et si on n'y parvient pas maintenant, on peut toujours recommencer et recommencer encore.

Il n'est pas nécessaire de se sentir coupable parce qu'il y

a en nous des sentiments de peur, de colère ou de haine, parce que nous avons mal agi. Il suffit, nous l'avons déjà dit et nous ne le répéterons jamais assez, de se reprendre dès qu'on le peut et de retourner à la pratique. Le christianisme est trop souvent ressenti comme une école de culpabilité avec son insistance sur le péché et son idéal trop élevé pour de pauvres humains.

Tous les hommes, même ceux qui paraissent les plus assurés, connaissent les mêmes peurs, les peurs fondamentales, peur de manquer, peur de vieillir, peur de mourir. Ils se reprochent ces peurs, ils se les dissimulent, ils font tout ce qu'ils peuvent pour les oublier. Avec la pratique de la Pleine Conscience, Thich Nhat Hanh nous propose de les regarder en face : oui, ma nature est de vieillir ; oui, ma nature est de mourir. A cela, je n'échapperai pas. Mais si j'apprends à vivre dans la Pleine Conscience, à être à chaque instant dans l'instant présent, alors il n'y a plus ni vieillissement ni mort. Si je suis dans l'instant présent, vraiment, totalement, je ne vieillis plus parce que je n'ai pas d'âge. L'instant présent, c'est aussi l'éternité.

Nous pouvons, affirme Thich Nhat Hanh, embrasser tous les aspects de nos peurs, savoir qu'il nous faudra mourir et tout abandonner. Nous n'emporterons avec nous que le fruit de nos actions, ce que les Orientaux appellent le karma mais ce karma lui-même, dès à présent, nous pouvons le transformer en cultivant en nous et autour de nous des graines positives. Les choses négatives qui sont dans notre cave vont remonter et remonter encore jusqu'à notre salle de séjour mais, chaque fois, elles vont perdre un peu de leur pouvoir.

« Vous pouvez faire cela chaque jour, affirme Thây. N'ayez pas peur, le Bouddha est là, le Saint Esprit est là pour vous soutenir. Bouddha et Saint Esprit qui ne sont rien d'autre que la Pleine Conscience. »

Une expression revient souvent dans son enseignement : il faut pratiquer l'arrosage sélectif. Cela veut dire choisir d'arroser les graines positives plutôt que les graines négatives. C'est vrai pour nous et aussi pour les autres.

Vous voici face à votre épouse. Si vous êtes maladroit ou malintentionné, vous allez arroser en elle les graines de colère, de peur ou de désespoir. En faisant cela, vous créez de la souffrance, toujours plus de souffrance. Mieux vaut arroser les graines positives. Cela n'a l'air de rien, ce sont de petites choses et pourtant, elles sont merveilleusement efficaces.

Thây raconte qu'un couple est venu un jour de Bordeaux pour célébrer la naissance du Bouddha. Ce jour-là, lors de son entretien, il a parlé de « l'arrosage sélectif » et il a vu la femme pleurer. Au moment de leur départ, il a pris l'homme à part une seconde pour lui dire : « Mon ami, votre fleur a besoin d'être arrosée. » Sur la route, en rentrant sur Bordeaux, le mari a ressenti le besoin de pratiquer l'arrosage tel que Thây l'avait expliqué. Cela a suffi pour provoquer une véritable ouverture d'âme entre les deux époux au point que, ce même soir, les enfants ont eu le sentiment de voir arriver une nouvelle maman. Elle s'était ouverte comme une fleur.

« Cet arrosage sélectif, insiste Thây, vous devez avoir à cœur de le pratiquer tous les jours. » Et il ajoute, avec son irrésistible sourire : « Quand vous aimez quelqu'un, faites-lui cette promesse : Chéri(e), je promets de ne pas arroser les graines négatives qui sont en toi et je promets d'arroser chaque jour les graines positives. Pour ton bonheur et pour le mien. Et l'autre doit faire de même. C'est cela l'arrosage sélectif. Ce n'est pas difficile du tout et si vous le pratiquez, vous verrez que la situation changera très vite et que vous aurez beaucoup plus d'air pour respirer. »

Le moins qu'on puisse dire est que cela vaut la peine d'essayer.

Le temps est venu de changer et cela peut se faire à n'importe quel moment. C'est à notre disposition à chaque instant. Il suffit de commencer. Quelqu'un a demandé un jour à un saint orthodoxe : « Pourquoi les gens ne deviennent-ils pas des saints ? » Il a répondu : « Parce qu'ils ne commencent pas. »

Commencer... Il suffit souvent de peu de choses. Lorsqu'on part se promener, il faut toujours faire un premier pas, suggère Thây. Ce premier pas, ce peut être de modifier un peu nos habitudes de consommation. De pratiquer une consommation réfléchie. Nous nous laissons éblouir par le prestige de la société dite de consommation, nous sommes encombrés d'appareils de toutes sortes qui n'arrêtent pas d'être dépassés par des appareils encore plus performants, encore plus attirants ou de tomber en panne pour que nous les remplacions. Thây ne dit pas qu'il faut cesser de consommer, revenir au Moyen Age mais il affirme qu'il faut examiner les produits qu'on achète avec l'œil du Bouddha, voir ce qui est nocif ou, au contraire, ce qui est bon pour notre corps et pour notre esprit. « Il est très important, affirme-t-il, de ne consommer que des choses positives. C'est la pratique de la Pleine Conscience. » Cette consommation réfléchie fait autant partie de la vie spirituelle que la méditation assise ou marchée.

L'aventure spirituelle consiste à tendre vers la liberté. Liberté vis-à-vis des choses, vis-à-vis de tout ce qui encombre notre tête et notre esprit ; vis-à-vis de nos rancœurs, de nos regrets, de nos souffrances. Et cette liberté, Thây ne cesse de le répéter, cette lumineuse liberté, on ne peut la trouver que dans le moment présent. Le Bouddha a dit : « La vie n'est disponible que dans le moment présent. » Et Thich Nhat Hanh commente :

« Etablissez-vous dans le moment présent et vous verrez que le futur sera également disponible. Ainsi que le passé que vous pourrez transformer. »

VII

La première fois, cela surprend. On ne comprend pas ce qui se passe. Il est vrai que c'est tellement contraire à nos habitudes. Nous sommes en train de parler, de marcher en silence ou de faire la queue pour emplir notre assiette lorsque la pendule sonne (elle sonne tous les quarts d'heure). Soudain, tout s'arrête. Les gens cessent de marcher, les conversations stoppent et ceux qui étaient en train de mettre une cuiller de riz dans leur bol restent la main en l'air, comme s'ils étaient frappés d'une étrange paralysie. Cela jusqu'à ce que la pendule se taise, ce qui, à midi, peut sembler interminable au néophyte.

Même chose pour le téléphone. Dès qu'il sonne, où que vous soyez, vous vous arrêtez net. La règle, pour celui ou celle qui est chargé de répondre, c'est de le laisser sonner trois fois et, pendant ce temps, de se concentrer, de se rendre disponible pour accueillir sereinement la conversation qui s'annonce, les bonnes ou les mauvaises nouvelles qu'elle apporte.

Cela n'a l'air de rien mais c'est une extraordinaire leçon de vigilance.

« Le son de la cloche, affirme Thây, c'est la voix du Bouddha qui nous ramène à notre vraie demeure. Cette vraie demeure, nous l'appelons la Pleine Conscience. »

Ainsi, tout au long du jour, sont données aux moines et aux moniales de multiples occasions de revenir à la liberté de la Pleine Conscience. Il ne faut pas se laisser entraîner trop longtemps par les pensées parasites et par tout ce qu'elles représentent, les peurs, les inquiétudes, la colère…

C'est l'école de la vie.

De la Vie avec un grand « V » pourrait-on dire car, sans la Pleine Conscience, nous sommes morts. Nous nous croyons vivants, nous pensons, nous agissons mais, en réalité, nous ne sommes pas là et nous laissons s'écouler notre vie jusqu'au jour de notre mort sans avoir vraiment vécu.

Considérée de ce point de vue, la vie qui nous entoure devient hallucinante. Nous voyons les gens s'agiter autour de nous, courir dans tous les sens, aimer, souffrir, imaginer, se laisser emporter par la peur ou la colère, tout cela sans être vraiment conscients. C'est cela le drame de la vie humaine. Alors qu'il suffirait souvent d'un instant de véritable conscience pour tout transformer.

Thich Nhat Hanh a été très impressionné par un personnage d'Albert Camus. Il s'agit de Meursault, le personnage principal de *L'Etranger*. Il a tué un Arabe sur une plage d'Oran, il a été arrêté, jugé, condamné à mort sans jamais avoir été vraiment conscient de ce qui lui arrivait. Et le voici dans sa cellule, à quelques heures de son exécution. Il a peur, il se raccroche à de vains espoirs. Cela fait des jours et des jours qu'il regarde, par son étroite fenêtre, le même carré de ciel. Et soudain, tout change. Il voit.

« On m'a changé de cellule, écrit-il. De celle-ci, lorsque je suis allongé, je vois le ciel et je ne vois que lui. Toutes mes journées se passent à regarder sur son visage le déclin des couleurs qui conduit le jour à la nuit. Couché, je passe mes mains sous la tête et j'attends. »

Un peu plus tard, il écrit : « Je crois que j'ai dormi parce que je me suis réveillé avec des étoiles sur le visage. Des bruits de campagne montaient jusqu'à moi. Des odeurs de nuit, de terre et de sel rafraîchissaient mes tempes. La merveilleuse paix de cet été endormi entrait en moi comme une marée. »

Voilà, ce personnage fruste que Camus a jusqu'ici décrit comme un être insensible, vivait à côté de sa vie. Et voici que soudain, au sein même de sa peur, jaillit la conscience. Il ne se soucie plus du passé ni du futur pourtant si terrible et si proche. Il est dans l'instant présent, habité par le ciel, par l'odeur de la mer, par la « merveilleuse paix de cet été endormi ». Du coup, il devient capable de regarder la réalité en face et, lorsqu'on lui annonce la visite de l'aumônier, il affirme qu'il n'a plus besoin des « consolations de la religion ». Plus besoin de se projeter vers l'avenir, d'imaginer. Il dit, en parlant du prêtre : « J'ai tenté de lui expliquer une dernière fois qu'il me restait peu de temps et que je ne voulais pas le perdre avec Dieu. » Plus loin, il ajoute : « Aucune de ses certitudes ne valait un cheveu de femme. »

De ce prêtre qui veut à tout prix l'arracher au moment présent pour le faire revenir sur son passé et réfléchir sur le futur, il dit : « Il n'était même pas sûr d'être en vie puisqu'il vivait comme un mort. »

Et Thich Nhat Hanh nous offre cette conclusion : « Il n'a plus que trois jours à vivre et on ne sait pourquoi, ce jour-là, il a été capable d'entrer en contact avec le carré de ciel bleu. C'est la première fois qu'il a vu le ciel. Il avait vécu trente-cinq ans mais c'est la première fois qu'il a pu vraiment toucher le ciel bleu. Il le savait, il n'avait que trois journées à vivre et ce moment de Pleine Conscience l'a aidé à être totalement présent dans la vie. »

Sur ce plan de la conscience, une rencontre avec Thich Nhat Hanh peut réserver des surprises. Un jour, à San Francisco, un journaliste est venu lui demander un entretien sur la Pleine Conscience. En règle générale, il n'aime guère recevoir des journalistes, surtout ceux de la presse écrite à qui il faut accorder plus de temps. Il a tout de même reçu celui-là, au pied d'un séquoia géant. Il lui a offert du thé et puisque, si on est vraiment concentré, il est impossible de réaliser une interview tout en prenant le thé, il a demandé au journaliste d'oublier l'interview et celui-ci, beau joueur, a accepté.

« Je lui ai dit comment on peut prendre une tasse de thé dans la Pleine Conscience, raconte-t-il, jouir du moment présent avec l'ami qui est assis là. Il a très bien pratiqué. Il a beaucoup aimé ce moment au cours duquel nous avons bu le thé, reconnu notre propre présence dans le monde et la présence de l'autre. Je lui ai ensuite demandé de faire une courte méditation marchée avec moi. Nous avons marché jusqu'au stationnement de sa voiture et, sur le chemin, je l'ai invité à s'arrêter pour regarder le ciel : "J'inspire, je suis conscient du ciel bleu ; j'expire, je souris au ciel bleu." Il a pratiqué cela avec moi de tout son cœur et après cela, il m'a dit : "Thây, c'est la première fois de ma vie que je vois le ciel d'une telle manière." »

Bienheureux journaliste ! Il arrivait sans doute la tête bourrée de questions et, parce qu'il a accepté de vivre l'instant, il a vécu auprès de Thây, sous le séquoia géant, un merveilleux instant de plénitude. Un instant de silence qui lui en a dit beaucoup plus sur le bouddhisme et sur l'enseignement de Thây que des heures d'explications.

Cette Pleine Conscience qui remplit si bien la vie, on a

envie de comprendre comment la vivent les résidents du Village des Pruniers. Tous les visiteurs sont d'accord pour affirmer qu'ils ont reçu un véritable choc lorsqu'ils sont arrivés pour la première fois dans l'un des trois monastères du Village des Pruniers. Jamais, pour la plupart, ils n'ont connu une telle atmosphère, surtout s'ils ont l'habitude de vivre en ville. Les moines et les moniales qu'ils rencontrent leur semblent habités par un calme surnaturel. Il n'y a pas dans leur attitude la moindre trace d'agitation. S'ils marchent, c'est à pas comptés, s'ils travaillent, c'est en silence et avec des gestes mesurés. S'il leur faut parler, c'est toujours d'un ton égal, sans jamais élever la voix. La première surprise passée, on commence à se sentir bien, comme à l'abri des agressions de la vie. Tout cela, on le comprend très vite, n'a rien que de naturel. C'est le fruit de la Pleine Conscience. Chaque geste est important s'il est vécu dans l'instant présent et tous ont dans l'esprit ces phrases qui reviennent si souvent dans l'enseignement de Thây : « Vous pouvez être heureux à chaque instant de votre vie. Heureux en balayant ou en faisant la vaisselle, heureux en lisant, en écrivant, en conduisant votre voiture, en pianotant sur votre ordinateur… A condition d'être conscients, à chaque instant, de ce que vous faites. »

On peut se dire, les premiers jours, que c'est impossible, qu'il s'agit encore d'un de ces rêves que promettent tant de marchands d'illusions, d'un idéal inaccessible, une fois de plus car c'est bien cela le drame de la vie dite spirituelle : courir après l'inaccessible.

Pour peu qu'ils aient un peu d'expérience, les résidents des Pruniers ont, eux, le sentiment d'être sur le bon chemin.

Sœur Gina, par exemple, nous l'avons vu, affirme qu'en ce qui la concerne « vivre pleinement devient une sorte d'habitude ». Certes, elle n'est pas dans l'instant présent vingt-quatre heures sur vingt-quatre mais si elle ne l'est pas, elle sait qu'à chaque instant, elle peut y revenir. « Si je pratique comme il faut, ajoute-t-elle, revenir devient de plus en plus facile et je reste de plus en plus longtemps. »

Sœur Isabelle, qui est acupunctrice, a accepté de dire comment elle vit la Pleine Conscience :

« La pratique ici ne se limite pas à la méditation. Essayer de saisir la magie de chaque seconde, voir la beauté de ces minutes qui peuvent être très anodines, très banales. Ici, il n'y a pas vraiment de différence entre le sacré et le profane. Nous essayons de faire de la vie une méditation. Avec les gestes les plus ordinaires. Nettoyer, récurer quelque chose, si on y met vraiment une attention soutenue, on peut être en Pleine Conscience, totalement là. Cette non-différenciation me plaît énormément. Le but de ma vie monastique est, bien sûr, la recherche de cette Présence. Présence du Bouddha ou, si vous préférez, Présence de Dieu. »

Cette Présence que recherchent avec tant d'ardeur tous les mystiques de toutes les traditions, elle doit continuer à vivre en nous-mêmes dans les moments les plus difficiles, au cœur des problèmes que nous réserve la vie même les plus cruels, qu'il s'agisse de la maladie ou de la disparition d'un être cher. Cela semble fou, totalement irréaliste et même, à la limite, impossible. Peut-on vraiment être heureux quand même ? « Oui », répond Thich Nhat Hanh et, tout au long de son enseignement, il ne cesse d'insister. Il s'abrite derrière l'autorité du Bouddha qui a dit un jour : « Vous pouvez être heureux même s'il y a chez vous de la douleur. »

La première chose à faire est de ne pas tenter de se débarrasser de cette douleur. Il faut être plus adroit que cela, l'accueillir, l'apprivoiser, l'accepter, l'embrasser avec beaucoup de tendresse, laisser agir la Pleine Conscience. Il faut parler à la douleur, lui dire que nous sommes ici pour elle, que nous allons nous occuper d'elle.

« La prochaine fois que vous aurez une peine en vous, conseille-t-il avec ce sourire qui éclaire si merveilleusement son visage, souriez-lui, dites-lui : "Ma petite peine, je te reconnais. Oui, je suis là pour toi." Après seulement, la méditation assise ou marchée peut prendre le relais. »

Cela ne se fera pas du jour au lendemain mais avec la pratique, on peut rester heureux en toutes circonstances.

« Le bonheur est une chose possible », ne cesse-t-il de répéter. Le moins qu'on puisse dire, lorsqu'on le voit marcher ou lorsqu'on assiste à un de ses enseignements, c'est qu'il est la plus belle démonstration de ce qu'il affirme :

« Le bonheur est quelque chose qui se cultive. Comme une orange, comme une pêche, comme une fleur. »

L'orange, la fleur, nous l'avons vu, il n'arrête pas de méditer et de s'émerveiller sur elles, de voir en elles, dans leur beauté, l'univers tout entier.

Il nous est possible à tout instant, insiste-t-il, de parvenir à cet état. Dans son livre *Sur les traces de Siddharta*, il nous livre le secret des secrets :

« La cause de la souffrance est l'ignorance, une façon erronée de voir la réalité. Penser que ce qui est impermanent est permanent est de l'ignorance. Penser qu'il y a un soi alors qu'il n'y en a pas, c'est cela l'ignorance d'où naissent l'avidité, la colère, la peur, la jalousie et d'innombrables autres souffrances. Suivre le chemin de la liberté consiste à pratiquer la vision profonde afin de réaliser véritablement la nature de l'impermanence, l'absence d'un soi séparé et l'interdépendance de toutes choses. Ce chemin permet de vaincre l'ignorance. Une fois celle-ci terrassée, la souffrance est transcendée. Il n'y a aucun besoin d'un soi pour atteindre la Libération. »

L'impermanence ! Encore et toujours l'impermanence !

Souvenons-nous de Do-ji qui a découvert l'impermanence grâce à la danse, à travers les mouvements de son corps.

Comme lui, comme tant d'autres, nous pouvons faire nôtre cette devise de Maître Thich Nhat Hanh qui claque comme un drapeau :

« Vive l'impermanence ! »

VIII

Ils sont une centaine, allongés dans la grande salle de méditation. Il n'y aurait pas, semble-t-il, la place pour un de plus. Les yeux se ferment, le silence s'installe peu à peu, une voix s'élève, une voix presque irréelle, chantante, si douce qu'il faut tendre l'oreille pour l'entendre. Une voix qui dit : « Installez-vous confortablement, fermez les yeux, détendez-vous. Surtout, n'ayez pas peur de vous endormir car si vous vous endormez, ce n'est pas grave. Ce sera au contraire le signe que votre relaxation est réussie. » On croirait entendre un soupir de soulagement planer sur l'assemblée. En fait, au bout de quelques minutes, on commence à discerner de petits bruits qui, chez certains, vont très vite devenir de légers ronflements.

La voix reprend. Ce jour-là, la relaxation profonde consiste à passer notre corps en revue, membre par membre, organe par organe, à s'attarder sur chacun, à le voir, le sentir, lui demander pardon si nous l'avons par trop brutalisé au cours de notre existence. C'est en même temps une sorte d'examen de conscience qui permet de se rendre compte à quel point nous avons maltraité ce corps pourtant si précieux, à quel point nous avons fatigué notre foie par des excès de toutes sortes, fatigué nos yeux en leur infligeant des corvées inhumaines, notre cerveau en l'exploitant sans relâche… Il faut tout apaiser, tout remettre en ordre et, pour cela, respirer dans chacun de ces organes. Lentement, paisiblement.

Les corps sont maintenant détendus, abandonnés sur le sol. C'est alors que la voix se fait musique, chantant en sourdine des chants très doux, des berceuses qui plongent dans la somnolence ceux qui n'y sont pas encore.

Cette voix si harmonieuse est celle de sœur Chân Không, un personnage incontournable au Village des Pruniers. Lorsqu'on lui demande d'où elle vient et qui elle est, elle répond avec une exquise modestie : « Je suis la secrétaire de Thây. » En réalité, elle est beaucoup plus que cela. Au Viêt-nam, puis dans le monde entier, elle a été la compagne de tous ses combats, de ses luttes sans fin pour que la paix s'établisse enfin dans les cœurs.

Elle est aujourd'hui la « Mère » du Village des Pruniers, celle à qui on a recours lorsqu'on a besoin d'aide, celle qui écoute, qui comprend, qui trouve des solutions à tous les problèmes. Elle semble si calme, si détendue, si heureuse de vivre et pourtant sa vie est aussi passionnante que le plus passionnant des romans d'aventures. Vie ardente qu'elle a racontée dans son livre *La Force de l'amour* publié à la Table Ronde. Vie qui va l'amener, tout en poursuivant des études poussées de botanique, à se trouver engagée dans tous les combats pour souligner les souffrances de son peuple en guerre.

« Depuis l'âge de quatorze ans, se souvient-elle, le fait de donner à manger aux enfants des rues, de partager mes revenus avec des lycéens pauvres, m'avait procuré plus de paix et de joie que n'importe quel effort pour atteindre l'illumination. »

Etant persuadée que le bouddhisme véritable ne peut être qu'un bouddhisme engagé, il était naturel qu'elle rencontrât Thich Nhat Hanh. C'est fait en 1959. Elle a vingt et un ans. L'année suivante, elle lui écrit pour préciser sa pensée : si elle aide les malheureux, ce n'est pas pour obtenir des mérites, pour « engranger des points pour une vie future ». « Je veux, ajoute-t-elle, aider les êtres humains à se libérer de leurs peines et à être heureux dans le moment présent. »

Aux côtés de Thây, elle crée l'Eveil de la Jeunesse pour le Service social qui réunit très vite des milliers de volontaires. Loin de l'offensive Têt à Saïgon, elle parvient à empêcher les adversaires de combattre, sauvant ainsi des centaines de vies. Plus tard, elle montera à bord des navires affrétés par Thây pour recueillir les *boat people*.

Peu avant l'arrivée des communistes, il lui fallut enfin quitter son Viêt-nam bien-aimé. « Je n'avais plus ni force ni joie de vivre, écrit-elle. A chaque fois que je pensais au Viêt-nam, je voulais mourir ou m'endormir pour ne plus jamais me réveiller. Je sentais mon cœur oppressé comme par une main forte et brutale. Pendant des mois, tout ce que je pus faire fut de revenir à ma respiration, en suivant chaque inspiration et chaque expiration avec tout mon être, parce que je sombrais dans le plus profond désespoir chaque fois que j'arrêtais de suivre ma respiration. »

Rentrée en France, dès sa descente d'avion, elle a d'abord le sentiment de pénétrer dans un monde irréel : tous ces gens qui allaient et venaient, riaient, allaient au café, aux spectacles… Ils n'avaient pas, ils ne pouvaient pas avoir conscience des souffrances qu'elle venait de côtoyer. Il lui faut du temps pour s'habituer à la paix. Une autre aventure l'attend, plus pacifique heureusement.

Déjà, elle avait fondé avec Thich Nhat Hanh une petite communauté, les « Patates douces », à la lisière de la forêt d'Othe. L'idée était de revenir à la vie monastique tout en accueillant ceux qui souhaitaient vivre près d'eux ou plus simplement venir se ressourcer quelque temps. Ce n'était qu'une petite maison et, très vite, elle se révéla insuffisante. D'ailleurs Thây avait besoin de chaleur et de soleil. Ils décident donc de chercher un lieu en Provence. Hélas ! ils y arrivent un jour de mistral. Alors ils décident de prospecter plutôt le Sud-Ouest. Après maintes recherches, ils finissent par trouver, à Thénac, tout au bout de la Dordogne, une petite propriété faite de trois bâtiments en mauvais état et de huit hectares.

Ils vivent une période difficile. Thây était célèbre au Viêt-nam mais en France, il est inconnu. Ses livres sont en vietnamien et même il ne lui en reste que très peu. Ce sont justement les Vietnamiens, les réfugiés et aussi ceux qui vivent en France de longue date qui vont lui permettre de repartir. De plus en plus nombreux, ils apprennent, par le bouche à oreille, qu'il y a en France une petite communauté dirigée par un moine vietnamien. Beaucoup demandent à venir, heureux de retrouver le bouddhisme et de parler leur langue. Ils veulent avant tout pratiquer et peu leur importe que les conditions de vie soient spartiates.

Si spartiates qu'en visitant la communauté de Thénac, les autorités préfectorales s'inquiètent. Le chauffage est rudimentaire et les lits ne sont qu'une planche posée sur quatre briques avec un tout petit matelas. A Thénac, cela s'arrange tant bien que mal mais, déjà, les bâtiments se révèlent trop petits, si bien qu'il faut acheter une seconde propriété à quelques kilomètres, dans le département limitrophe du Tarn-et-Garonne. Là, les autorités se révèlent plus pointilleuses. « Mais vous allez tuer vos visiteurs ! »

s'exclame un responsable. Finalement, le sous-préfet de Marmande décide de fermer l'établissement. C'est un coup dur. Sœur Chân Không s'affaire, sollicite en vain un rendez-vous à la sous-préfecture. Elle a le sentiment d'être victime d'une sorte de discrimination et elle multiplie, pour conserver sa sérénité, les méditations marchées et les « touchers de la terre ». Il faut l'entendre raconter cette aventure :

« Je me suis dit : ce monsieur qui ne veut pas me recevoir, chaque fois que je pense à lui, je dois lui envoyer aussi de l'énergie, la bonne énergie de Dieu, du Bouddha... Quand mon cœur a été en paix, je me suis dit : Peut-être ne savent-ils pas qui nous sommes. Dans ce pays, on parle beaucoup de sectes et cela fait peur. Avant, j'étais submergée par cette soi-disant injustice contre nous. J'ai pensé qu'ils étaient racistes mais quand j'ai été plus calme, j'ai envoyé à cet homme l'énergie de la beauté et, soudain, je me suis sentie plus calme. J'ai compris qu'il y avait la peur en lui, la peur des sectes, des médias.

« Et puis je me suis souvenue que, durant la guerre, il y avait M. Jacques Chaban-Delmas et M. Jean-François Poncet qui m'avaient reçue parce qu'ils étaient nos amis. J'ai écrit à ces messieurs pour les supplier de nous soutenir. Ils ont écrit et tout s'est arrangé. »

Thénac, Loubès-Bernac, très vite, ces deux monastères

sont saturés. L'un est occupé par les moines, l'autre par les moniales mais la place manque pour recevoir les visiteurs et les retraitants qui se pressent de plus en plus nombreux.

Il y a justement une propriété à vendre à une quinzaine de kilomètres, tout près d'un village appelé Dieulivol (Dieu le veut) dans le département de la Gironde. Le village se dépeuplait depuis déjà de nombreuses années, au point que la mairie avait décidé de créer un centre de loisirs et d'animation rurale. Cela n'avait pas marché, les dettes s'étaient accumulées, la propriété avait été saisie et mise aux enchères. Pendant cinq années, aucun acquéreur ne s'était présenté. C'est ainsi qu'est né « le hameau nouveau », une belle propriété où sont reçus les visiteurs et, en particulier, les couples désireux de faire retraite.

Là aussi, au début, il a fallu se faire accepter. « Dès que tous les papiers ont été signés, se souvient sœur Chân Không, je suis venue me présenter au maire. Par la suite, nous avons été très discrets. C'est cela la discrétion vietnamienne. Un jour, le maire est venu nous rendre visite. Il a vu une grande salle de méditation au milieu des champs. L'ancienne salle de bal avait été transformée en salle du Bouddha. »

Il y avait tout près une grotte et une chapelle du XIIe siècle où, depuis toujours, les gens du village se réunissaient chaque année. C'était autrefois un grand festival mais il était en train de mourir à cause de la dépopulation. C'est tout juste, les dernières années, si quelques grands-mères s'y réunissaient encore une fois l'an. Sœur Chân Không a promis d'y venir mais elle n'y est pas venue seule. Elle a amené avec elle les deux cents personnes qui se trouvaient ce jour-là dans les trois monastères, si bien que cette fête moribonde est redevenue une belle fête avec sa procession, ses cloches et une troupe d'enfants qui, portant des bougies, marchaient en chantant : « Quand j'inspire, quand j'expire, je suis la fleur, je suis solide, je suis calme… »

« Les gens, raconte la sœur, ont été très surpris de voir que les moniales bouddhistes avaient la tête rasée. Cela leur donnait l'impression que nous appartenions à un autre monde. Et pourtant, au moment de l'Eucharistie, il y a deux moniales qui sont allées communier, car elles sont toujours catholiques. Le prêtre en a été très heureux. »

C'est ainsi que les relations avec les gens des environs sont devenues excellentes et cela d'autant plus que la communauté organise chaque année une journée portes ouvertes dans les trois monastères.

Sœur Chân Không insiste beaucoup sur le fait qu'un monastère bouddhiste ne doit pas jouer seulement un rôle spirituel mais aussi un rôle social et c'est bien ce qui arrive au Village des Pruniers. Nombreux sont ceux qui arrivent avec des problèmes qu'il faut les aider à résoudre.

Nous avons déjà parlé du « nouveau départ » qui est proposé aux couples. Il joue un grand rôle pour aplanir les difficultés qui ne manquent pas de s'élever, à un moment ou à un autre, entre deux époux. Les adolescents eux aussi arrivent souvent avec de gros problèmes. Ceux-ci viennent au Village des Pruniers la plupart du temps avec leurs parents. Il arrive qu'ils soient en pleine révolte, comme ce garçon qui se tenait mal. « Il était assis de telle sorte, se souvient la sœur, qu'il avait ses pieds devant ma figure. J'ai compris que c'était pour défier ses parents et qu'ils étaient furieux. Moi, je les ai empêchés de le gronder parce que je voulais gagner sa confiance. Une fois que les parents eurent donné leur point de vue, j'ai dit au garçon : "Maintenant, c'est ton tour. Tu dois dire ce que tu n'aimes pas chez ton papa et ta maman. Peut-être ne les comprends-tu pas. Ils t'aiment beaucoup, c'est sûr, mais peut-être n'es-tu pas d'accord parce que tu as le sentiment qu'ils veulent t'imposer leur point de vue. Ou peut-être n'ont-ils pas compris ce que tu veux."

« Ce garçon avait beaucoup de choses à dire et les parents ont joué le jeu en le laissant aller jusqu'au bout sans l'interrompre. Quand il a eu terminé, je lui ai dit : "Je veux être objective. J'ai essayé de me mettre dans ta peau. Maintenant, je veux essayer de me mettre dans celle de ton père, puis de ta mère. Dans une famille, il est essentiel de se comprendre les uns les autres et, pour cela, il faut s'exprimer librement." A la fin, ils ont été très heureux et je leur ai demandé de faire la méditation de l'étreinte, c'est-à-dire de se serrer les uns contre les autres en respirant trois fois. »

Cette méditation de l'étreinte est très importante. Elle ne fait pas partie de l'enseignement traditionnel. En fait, la première fois qu'un disciple a demandé à Thich Nhat Hanh l'autorisation de le serrer dans ses bras, celui-ci a eu un mouvement de recul. Cela ne se fait pas en Orient. Plus tard, il a réfléchi. Il s'est rendu compte que les Occidentaux étaient habitués à de tels gestes et il s'est dit que, puisqu'il vivait désormais en Occident, il devait leur permettre de s'exprimer ainsi. Simplement, cela ne doit pas être un geste banal mais une réelle manifestation spirituelle. C'est pourquoi il utilise la formule « méditation de l'étreinte » et qu'il demande aux pratiquants de faire trois respirations profondes.

Les témoignages sont nombreux d'êtres pour qui cette forme de méditation a été une aide importante. Nombreux sont, par exemple, les époux qui la pratiquent, selon la suggestion de Thây, dès que surgit un problème. Ils comprennent alors à quel point ils sont précieux l'un pour l'autre, à quel point le fait d'être vivants dans les bras l'un de l'autre et de respirer ensemble est un vrai bonheur. Cela suffit souvent pour rétablir une harmonie momentanément détruite.

Des histoires de ce genre, sœur Chân Không pourrait en raconter des dizaines et démontrer ainsi que le Village des Pruniers joue vraiment un rôle social. On s'y occupe des souffrances et des peurs, des problèmes psychiques, des relations humaines et c'est déjà un vaste chantier. Mais pas un instant Thây et sœur Chân Không ne peuvent oublier les regards blessés de tous ces enfants près desquels ils ont vécu au cours de la guerre. Les enfants malheureux du Viêt-nam restent leur préoccupation constante et ils sont prêts, pour les aider, à donner beaucoup de leur temps et de leur énergie.

Cela ne date pas d'hier. Il y a trente ans déjà, alors qu'ils étaient depuis peu en France, ils étaient préoccupés jusqu'à l'angoisse par ce douloureux problème. Sœur Chân Không se souvient avec émotion du jour où un garçon de dix-huit ans est venu la voir en tenant une rose à la main. Il s'appelait Pierre Marchand et il avait été bouleversé par une conférence de Thây sur les calamités de la guerre au Viêt-nam. Avec l'enthousiasme de la jeunesse, il avait aussitôt proposé d'organiser un grand concert avec les plus grandes vedettes de la chanson pour collecter une somme importante.

Bien sûr, la sœur avait d'abord été réticente car la salle de Maubert Mutualité et ses deux mille places proposée par Pierre Marchand se louait alors 3 700 francs par soirée, une somme énorme si on considère qu'il fallait 25 francs par mois pour soutenir un enfant. Il s'agissait donc d'un pari redoutable. Une fois décidée, sœur Chân Không s'est engagée à fond pour que cette soirée soit une réussite, chargeant des piles d'affiches dans sa 2 CV pour les coller aux quatre coins de Paris et revenant sur les lieux pour en coller d'autres si les premières avaient été recouvertes.

Le soir de la fête, il a fallu refuser du monde ou plutôt laisser entrer sans billet les jeunes qui n'avaient pas pu en trouver.

Depuis, cette action n'a pas cessé. Un comité s'est créé pour aider les enfants affamés. Il s'est d'abord appelé « Partage avec les enfants du Viêt-nam » et il s'appelle aujourd'hui tout simplement « Partage ». Même les prunes récoltées sur les deux mille pruniers du village contribuent à cette cause puisque la plus grande partie de leur revenu est consacrée aux enfants du Viêt-nam.

Quand on commence à mieux connaître sœur Chân Không, quand on découvre ses multiples occupations et l'énergie qu'elle déploie en chacune d'elles, on ne peut s'empêcher de lui demander où elle trouve la force qu'elle déploie. Elle s'en tire par une plaisanterie, affirmant qu'elle est une véritable pile atomique. En réalité, cette énergie, elle la puise dans Notre Mère la Terre, dans cet exercice journellement pratiqué au Village des Pruniers sous le nom de « toucher de la terre ».

Cela vaut la peine de s'y attarder un moment.

« Le toucher de la terre est très important pour moi, affirme la sœur. Avec son aide, on peut guérir le corps et l'âme. »

Il s'agit en fait de se relier, par des prosternations, à la Terre Mère mais aussi à nos ancêtres, à tous ceux qui, au cours des siècles, nous ont fait ce que nous sommes aujourd'hui. Ils nous ont transmis leur énergie, leur force, leurs qualités et aussi leurs défauts. Ils constituent la trame même de notre corps, de notre âme et de notre esprit. Ils nous relient à notre passé mais aussi aux grandes forces de l'univers. On retrouve ici le culte des ancêtres si cher aux Asiatiques et aussi aux Amérindiens.

« Quand on se réveille le matin, explique sœur Chân Không, on touche la terre et on se dit que nos ancêtres ressuscitent en nous. En touchant la terre, quand je suis debout, je sens ma famille génétique, mon père, ma mère, mes grands-parents. Je les vois comme des jeunes hommes et des jeunes femmes. Pas la maman de quatre-vingt-douze ans mais la maman de dix-huit ans avec les cheveux très noirs, les yeux brillants, la peau très fraîche. Je sens mon père très dynamique.

« Et ensuite, quand je touche la terre, je pose par terre

toutes les faiblesses de ma mère et de mon père. Et aussi le Viêt-nam avec ses cocoteraies, ses bananeraies, ses paysans morts sous les bombes.

« Après cela, quand j'ai touché la terre, je dis : je suis l'énergie de tous mes ancêtres spirituels, de ce moine très humble que j'ai rencontré, de tous les pratiquants bouddhistes dans ma petite ville de province, de tous mes amis et de toutes mes amies de Saïgon qui ont fait un si beau travail, de la Sangha ici avec ses Vietnamiens, ses Français, ses Hollandais, ses Allemands, ses Américains… De tous ces êtres, je reçois une fantastique énergie que je peux envoyer à la petite fille en moi qui a reçu tant de blessures et qui, à cause de ces blessures, se montrait parfois têtue et violente. »

Maintenant que sœur Chân Không vit en France, elle s'est découvert d'autres ancêtres, si bien qu'elle pourrait dire : mes ancêtres les Gaulois.

« En France, mes ancêtres de la terre, ce sont les gens qui ont détruit la Bastille, les lois féodales. Sans doute Robespierre a-t-il tué trop de gens mais après lui, il y a eu beaucoup de progrès. La vie est devenue plus humaine et je suis parmi les gens qui en profitent. Je reçois l'énergie de ces nouveaux ancêtres. J'ai beaucoup aimé *Les Misérables* et je sens que Gavroche est en moi, et Marius et tous ces êtres qui désiraient tellement faire quelque chose de bien. Tout le monde est en moi, je me sens forte et riche. Oui, quand je suis venue en France, je me suis réjouie de la paix et de la liberté qui y régnaient. Quel bonheur de pouvoir voyager partout sans avoir à demander un permis. Au Viêtnam, il m'en aurait fallu un pour aller jusqu'à Duras. Ce ne sont pas des choses acquises. Nos ancêtres ont lutté pour cela. »

IX

La retraite se termine. Les visages sont pacifiés et, à la place de la timidité ou de la contrainte des premiers jours, on a le sentiment de vivre le grand bonheur d'être ensemble, d'avoir vécu à l'unisson cette semaine si pleine d'événements intenses.

Le dernier soir pourtant, on sent percer chez les uns ou les autres une pointe d'inquiétude. Ils sont bien, heureux et ils ont le sentiment d'avoir au moins pressenti tout ce que la vie en Pleine Conscience peut leur apporter. Ils voudraient que cet état de grâce ne les quitte plus jamais et, en même temps, ils savent qu'une fois rentrés chez eux, ils vont retrouver les difficultés de la vie quotidienne à laquelle, un temps, ils ont échappé. Ils vont retrouver les problèmes d'argent et d'impôts, les tensions du travail et de la famille, les catastrophes du journal télévisé et, pour ceux qui vivent dans les villes, la violence, les embouteillages et les interminables transports.

Que leur proposer pour les aider à rester en paix au

milieu de toutes ces perturbations ? Ils ont certes pris de bonnes résolutions, certains ont décidé de trouver un coin de leur maison pour en faire un lieu de méditation ; d'autres vont, à l'exemple de Thây, passer un contrat avec leur escalier, d'autres encore vont se joindre à une Sangha ou trouver un moment pour pratiquer la méditation marchée dans leur salon ou leur jardin. Mais tous connaissent la fragilité des résolutions prises au soir d'une retraite. Ils savent à quel point les mauvaises habitudes reprennent vite leur emprise. Comment vont-ils y échapper ?

A ceux-là, Thich Nhat Hanh propose une méthode pour les aider à rester vigilants dans leur vie quotidienne : les cinq entraînements à la Pleine Conscience. C'est une pratique de tous les instants. On peut la vivre d'une façon spontanée. On peut aussi, si l'on est plus avancé, prononcer officiellement, au cours d'une cérémonie, le vœu de les respecter tout au long de sa vie.

Cela peut ressembler à un traité de morale mais Thây insiste beaucoup sur le fait que ce n'est pas un absolu, des règles auxquelles il faut se plier sous peine de se laisser gagner par la culpabilité. L'essentiel est de tendre vers ces cinq entraînements tout en sachant qu'il est impossible de les appliquer totalement. Ce qu'il faut faire absolument – et là, il y a une résolution à prendre – c'est prendre le temps de les réciter au moins une fois par semaine en en pesant soigneusement tous les termes. Encore n'est-il pas nécessaire de réciter les cinq mais seulement ceux qu'on se sent prêt à respecter.

Voici le texte des cinq entraînements à la Pleine Conscience.

Il y a d'abord un petit prologue :

« Les cinq entraînements sont la base d'une vie heureuse. Ils offrent le moyen de protéger la vie, de la rendre belle et digne d'être vécue. Ils offrent aussi la possibilité de conduire à l'illumination et à la libération. Ecoutez chaque entraînement et répondez "Oui" silencieusement chaque fois que vous voyez que vous vous êtes efforcé de l'étudier, de le pratiquer et de l'observer.

PREMIER ENTRAÎNEMENT

« Conscient de la souffrance causée par la destruction de la vie, je suis déterminé à développer ma compassion et à apprendre les moyens de protéger la vie des personnes, des animaux, des plantes et des minéraux. Je m'engage à ne pas tuer, à ne pas laisser tuer, et à ne tolérer aucun acte meurtrier, dans ma pensée ou dans ma façon de vivre. »

DEUXIÈME ENTRAÎNEMENT

« Conscient des souffrances provoquées par l'exploitation, l'injustice sociale, le vol et l'oppression, je suis déterminé à cultiver mon amour et à apprendre à agir pour le bien-être des personnes, des animaux, des plantes et des minéraux. Je m'engage à pratiquer la générosité en partageant mon temps, mon énergie et mes ressources matérielles avec ceux qui sont dans le besoin. Je m'engage à ne pas voler, à ne rien posséder qui ne m'appartienne. Je m'engage à respecter la propriété d'autrui et à empêcher quiconque de tirer profit de la souffrance humaine et de toute autre espèce vivante.

TROISIÈME ENTRAÎNEMENT

« Conscient de la souffrance provoquée par une conduite sexuelle inappropriée, je suis déterminé à développer mon sens de la responsabilité afin de protéger la sécurité et l'intégrité de chaque individu, des couples, des familles et de la société. Je suis déterminé à ne pas avoir de rapports sexuels sans amour ni engagement à long terme. Afin de préserver mon propre bonheur et celui des autres, je suis déterminé à respecter mes engagements ainsi que les leurs. Je ferai tout ce qui est en mon pouvoir pour protéger les enfants des sévices sexuels et pour empêcher les couples et les familles de se désunir par suite de comportements sexuels inappropriés.

QUATRIÈME ENTRAÎNEMENT

« Conscient de la souffrance provoquée par des paroles irréfléchies et par l'incapacité d'écouter autrui, je suis déterminé à parler à tous avec amour afin de soulager leur peine et de leur transmettre joie et bonheur. Sachant que les paroles peuvent être source de bonheur comme de souffrance, je suis déterminé à apprendre à parler avec sincérité en employant des mots qui inspirent à chacun la confiance en soi, la joie et l'espoir. Je m'engage à ne répandre aucune information dont l'authenticité ne serait pas établie et à ne pas condamner ou critiquer ce dont je ne suis pas certain. Je m'engage à ne pas prononcer des mots qui puissent entraîner division ou discorde, une rupture au sein de la famille ou de la communauté. Je m'engage à fournir les efforts nécessaires à la réconciliation et à la résolution de tous les conflits, si petits soient-ils.

CINQUIÈME ENTRAÎNEMENT

« Conscient de la souffrance provoquée par une consommation irréfléchie, je suis déterminé à entretenir une bonne santé physique et mentale par la pratique de la Pleine Conscience lorsque je mange, bois et consomme ; ceci pour mon propre bénéfice, celui de la famille et de la société. Je suis déterminé à consommer uniquement des produits qui entretiennent le bonheur, la joie et la paix, tant dans mon corps et mon esprit que dans le corps et la conscience collective de ma famille et de la société. Je suis déterminé à ne pas faire usage d'alcool ni d'aucune forme de drogue. Je m'engage à ne prendre aucun aliment ni produit contenant des toxines comme certaines émissions de télévision, certains magazines, livres et conversations. Je suis conscient qu'en nuisant à mon corps et à mon esprit avec ces poisons, je trahis mes parents, mes ancêtres et les générations futures. Par la pratique d'une consommation raisonnable, je m'engage à transformer la violence, la peur, la colère et la confusion qui sont en moi et dans la société. Je réalise qu'une discipline alimentaire et morale appropriée est indispensable pour ma propre transformation et celle de la société. »

On peut, bien sûr, avoir peur de s'engager sur un tel chemin, ne pas se sentir capable de tenir de telles résolutions. On peut se sentir heurté par ce qui peut sembler un moralisme qui n'a plus tellement bonne presse de nos jours mais, encore une fois, il ne s'agit pas de règles absolues. Seulement du but vers lequel il faut tendre. Il n'est surtout pas question de tomber dans cette culpabilité qui nous a fait tant de mal.

Thich Nhat Hanh est très clair là-dessus. Voici ce qu'il a dit à la fin de la retraite en réponse à une question :

« Personne ne peut vivre parfaitement les cinq entraînements à la Pleine Conscience. Même le Bouddha. Quand je mange, par exemple, je tue. Quand je bois de l'eau, je tue aussi. Ce plat de légumes bouillis, croyez-vous qu'il est entièrement végétarien ? Si vous regardez profondément, vous voyez des bactéries qui sont tuées par la cuisson. Donc mon plat végétarien n'est pas entièrement végétarien. L'essentiel est de manger de telle sorte que la Pleine Conscience soit possible et que vous puissiez maintenir et cultiver la compassion en vous. C'est tout. Une personne qui n'a pas de compassion ne peut établir de relations avec les autres créatures. Elle est complètement isolée. Donc cultiver la compassion, la compréhension, c'est pouvoir communiquer vraiment avec les autres. Le bonheur sera une chose possible quand vous pourrez communiquer, être un avec les autres.

« Donc si le fruit n'est pas mûr, je vous conseille de ne pas prendre les entraînements. Il ne faut pas forcer, ce serait de la violence. Vous ne pouvez recevoir les entraînements que si votre vision est profonde.

« On ne peut faire tout de suite la totalité des choses. Quand vous n'avez pas de boussole, si vous avez besoin d'aller dans la direction du nord, vous pouvez vous servir de l'étoile polaire. Cela ne veut pas dire que vous voulez arriver à l'étoile polaire. Vous allez seulement marcher dans la direction du nord. Vous n'avez pas besoin d'être parfaits. Je vous ai dit que même le Bouddha n'est pas parfait dans les cinq entraînements à la Pleine Conscience. Il doit marcher et, en marchant, il peut tuer de petites créatures sous ses pas. Il ne faut pas être trop rigide dans la manière de voir les choses. Il faut pénétrer dans l'essentiel et non dans la forme.

« Pour moi, les cinq entraînements à la Pleine Conscience sont une pratique de liberté. »

On peut aller plus loin. Il y a ceux qui ont pris les cinq entraînements à la Pleine Conscience et qui, après un long temps de pratique et de multiples séjours aux Pruniers demandent à entrer dans l'Ordre de l'Interêtre. Ils vont alors s'engager à respecter non pas cinq mais quatorze entraînements, ce qui va faire d'eux les membres d'une sorte de tiers-ordre un peu semblable aux tiers-ordres bénédictin ou franciscain. Lorsqu'ils sont aux Pruniers, on les reconnaît à un costume spécial, une sorte de blouse brune. Ils s'engagent encore plus avant sur le chemin de la compassion, de la compréhension et de la transformation.

Surtout, et c'est peut-être cela le plus remarquable, ils promettent de s'ouvrir à l'universel et de rejeter tout sectarisme.

Il faut citer le premier entraînement car il donne le ton :

« Conscients de la souffrance provoquée par le fanatisme et l'intolérance, nous sommes déterminés à ne pas faire preuve d'idolâtrie ni à nous attacher à une doctrine, une théorie, une idéologie, même bouddhiste.

« Les enseignements bouddhistes sont des moyens qui nous guident et nous aident à pratiquer le regard profond et à développer ainsi notre compréhension et notre compassion. Ce ne sont pas des doctrines pour lesquelles nous nous battrons, nous tuerons ou nous allons nous sacrifier. »

Ainsi il ne faut pas s'attacher aux opinions, aux idées que nous pouvons avoir sur le moment. Il faut avoir l'esprit ouvert « aux expériences et aux visions profondes d'autrui. Nous sommes conscients du fait que notre connaissance actuelle n'est pas la vérité absolue et n'est pas immuable ».

Nous ne devons donc imposer nos opinions à personne, même pas à nos propres enfants. « Nous respectons le droit d'autrui d'être différent, d'avoir sa propre croyance et de prendre des décisions. Nous aiderons néanmoins les autres à renoncer au fanatisme et à l'esprit borné par un dialogue compatissant. »

Cet esprit de compréhension, de tolérance absolue, de respect pour la foi et les croyances des autres, voilà peut-être ce qui nous a le plus attirés au Village des Pruniers. Et voilà pourquoi tant et tant d'êtres de toutes races et de toutes religions s'y sentent tout à fait à l'aise.

A un homme qui lui disait ne pas pouvoir prendre refuge parce qu'il tenait à son habitude de boire un peu de vin, Thây a répondu par cette véritable profession de foi :

« Essayons de pénétrer plus profondément et ne restons pas seulement à la surface des choses. Ce n'est pas à cause de la prise de refuge que vous pouvez devenir vraiment un bouddhiste. L'habit ne fait pas le moine. Peut-être, avant de prendre refuge, êtes-vous déjà un vrai bouddhiste. Si vous avez l'habitude de vivre en Pleine Conscience, si vous savez déguster une orange dans la Pleine Conscience, vous êtes déjà un bouddhiste. Vous n'avez pas à devenir bouddhiste. Il y a des non bouddhistes qui sont plus bouddhistes que les bouddhistes. Il faut se méfier des mots, des apparences. Etes-vous sûr que vous n'êtes pas un bouddhiste ? Non. On ne peut pas être sûr d'être ou non bouddhiste. Avec le regard profond, comprenez qu'il n'y a pas de séparation.

« Si vous pouvez vous réjouir de la marche en Pleine Conscience, si chaque pas vous procure de la paix, de la solidité, de la joie, alors vous êtes dans la pratique et vous n'avez pas à vous appeler ou non bouddhiste. Ce n'est pas tellement important. »

C'est le Bouddha lui-même qui va nous apporter la conclusion de ce petit livre. Il s'agit d'un texte cité par Thich Nhat Hanh dans son livre consacré à Siddharta et où se trouve la substantifique moelle de l'enseignement du Bouddha.

C'était un jour de fête. Dans le magnifique parc Nigrodha, le Bouddha et ses moines étaient les invités du roi Suddhodava. Il y avait là toutes les personnalités du royaume ainsi que des milliers d'êtres désireux de voir et d'entendre ce jeune moine qui faisait tant parler de lui. Après un repas pris en silence, le roi demanda au Bouddha de donner un enseignement et celui-ci prononça un discours dont la conclusion, au-delà des siècles, semble s'adresser directement à chacun de nous aujourd'hui et à notre monde si plein de tensions, de haines et de souffrances :

« La souffrance n'est qu'une face de la vie. Si nous pouvons voir son autre face merveilleuse, nous obtiendrons le bonheur, la paix et la joie. Quand nos cœurs sont délivrés, nous pouvons entrer en contact direct avec les merveilles de l'existence. Quand nous avons vraiment compris la vérité de l'impermanence, de la vacuité de soi et de la coproduction interdépendante, nous nous apercevons combien la vie est magnifique ; de nos corps à nos états mentaux en passant par les branches de bambou violet, les chrysanthèmes dorés, le courant limpide et la brillante lune.

« Parce que nous nous emprisonnons dans notre souffrance, nous perdons la capacité de profiter des merveilles de la vie. Quand nous déchirons le voile de l'ignorance par la compréhension profonde, nous découvrons le vaste royaume de la paix, de la libération et le *nirvana*, ou extinction des concepts illusoires issus de l'ignorance. C'est la fin de l'avidité et de la colère et l'apparition de la paix, de la joie et de la liberté.

« Honorables invités, prenez le temps de contempler un cours d'eau limpide ou un rayon de soleil automnal. Pouvez-vous expérimenter la paix, la joie et la liberté ? Si vous êtes toujours enfermés dans la prison du chagrin et de l'angoisse, vous ignorerez éternellement les merveilles de l'univers dont votre respiration, votre cœur, votre corps et votre esprit font partie. Le chemin que j'ai découvert permet de transcender le chagrin, l'angoisse et toutes les afflictions en regardant profondément leur véritable nature. J'ai indiqué cette Voie à de nombreux êtres qui ont eux aussi réussi à la découvrir par eux-mêmes. »

Achevé d'imprimer
par la Sagim (à Courtry)
en mai 2001

N° d'édition : 3398.
Dépôt légal : juin 2001.
N° d'impression : 5169
Imprimé en France.